山西古村镇系列丛书

山西省住房和城乡建设厅组织编写

得胜古村

薛林平　侯　磊
万　千　于丽萍　著

中国建筑工业出版社

图书在版编目(CIP)数据

得胜古村／薛林平等著．—北京：中国建筑工业出版社，2012.9
（山西古村镇系列丛书）
ISBN 978-7-112-14461-7

Ⅰ.①得… Ⅱ.①薛… Ⅲ.①城堡－介绍－大同市Ⅳ.①K928.77

中国版本图书馆CIP数据核字（2012）第146230号

责任编辑：费海玲
责任设计：董建平
责任校对：姜小莲　赵　颖

山西古村镇系列丛书
山西省住房和城乡建设厅组织编写

得胜古村

薛林平　侯　磊　万　千　于丽萍　著

*

中国建筑工业出版社出版、发行（北京西郊百万庄）
各地新华书店、建筑书店经销
北京方舟正佳图文设计有限公司制版
北京画中画印刷有限公司印刷

*

开本：787×960毫米　1/16　印张：8 1/2　字数：156千字
2012年9月第一版　2012年9月第一次印刷
定价：50.00元
ISBN 978-7-112-14461-7
　　　　（22534）

版权所有　翻印必究
如有印装质量问题，可寄本社退换
（邮政编码 100037）

《山西古村镇系列丛书》

主　编：李俊明　李锦生
副主编：于丽萍　张　海　薛林平

《得胜古村》

著　者：薛林平　侯　磊
　　　　万　千　于丽萍

丛书总序

我曾多次到过山西，这里丰富的历史遗存和深厚的人文底蕴，令人赞叹，给人的印象非常深刻。山西省建设厅张海同志请我为《山西古村镇系列丛书》作个序，在这里我就历史文化遗产和古村镇保护等有关问题谈一些粗浅的想法。

国际经济社会发展的经验证明，一个国家城镇化水平达到30%以后，城镇化进程不断加快，随之出现城市建设的高潮；人均生产总值达到1000~3000美元时，进入经济发展的黄金期，也是多种矛盾的爆发期，这个时期不仅可能引发各种社会矛盾，还会出现许多问题。我国城镇化水平2003年就已经超过了40%，人均生产总值2006年已经超过了2000美元，国民经济快速发展，城镇化进程不断加速；在城市建设日新月异的发展中，中央又审时度势提出了"两个趋势"的科学判断，作出了加强小城镇和新农村建设的决策。过去，我国城市的大批建筑遗存，正是在大搞城市建设中遭到毁灭性破坏。现在，我国农村许多建筑遗产，能否在小城镇和新农村建设中有效保护，正面临着严峻考验。处理好小城镇和新农村建设与古村镇保护的关系，保护祖先留下的非常宝贵、不可再生的文化遗产，是历史赋予我们义不容辞的责任。

对于建筑历史文化遗产的保护，人们的观念不断创新、思路逐步调整、方法正在改进，从注重官府建筑、宗教建筑的保护，向关注平民建筑保护的转变；从注重单体建筑的保护，向关注连同建筑周边环境保护的转变；尤其是近年来，特别关注古村镇的保护。因为，古村镇是区域文化的"细胞"，是一个各种历史文化的综合载体，不仅拥有表现地域、历史和民族风情的民居建筑、街区格局、历史环境、传统风貌等物质文化遗产，还附着居住者的衣食起居、劳动生产、宗教礼仪、民间艺术等非物质文化遗产。我国现存有大量的古村镇，其历史文化价值和社会经济价值都是巨大的，按照英格兰的统计方法，古村镇的价值应占到GDP的30%以上。然而，认识到这一点的人并不多，甚至有人认为古村镇、古建筑是社会发展的绊脚石，这种观点对于文化的传承和社会的进步都是极为不利的。在快速推进的城乡建设浪潮中，我们所面临的最大问题就是，大批历史古迹被毁坏，大批古村镇被过度改造，使中华民族的历史文化遗产严重损坏。在这个时候提出古村镇的保护，实际上是一项带有抢救性的工作。

2008年1月1日开始实施的《城乡规划法》，突出强调了保护历史文化遗产的重要性；2008年4月又颁布了《历史文化名城名镇名村保护条例》。历史文化名城保护工作已开展近30年，历史文化名镇名村保护工作也已启动，现在大家基本达成共识，保护有价值的古村镇，其实就是"保护文化遗产，弘扬优秀的传统文化……保持民族性，体现时代性"。但是，当前全国历史文化村镇保护的形势仍然不容乐观，保护工作极不平衡，一些地方还未认识到整体保护历史文化村镇的重要性，忽视了周边环境风貌和尚未列入文物保护单位的优秀民居的保护，制定和完善保护历史文化村镇规划的任务还十分艰巨；一些地区片面追求经济效益，对历史文化村镇进行无限度、无规划的盲目开发；一些地方擅自改变国有文物保护单位的管理体制，交给企业经营管理。

作为华夏文明的发祥地之一，山西有着丰厚的文化积淀和历史遗存，不仅有数量众多的古建筑，还保存有大量的古村镇。由于山西历史悠久、民族聚居、文化融合、地形差异等多因素影响，再加之较为发达的古代经济，建造了大量反映农耕文明时代、各具特色的古村镇。这些古村镇，一是分布在山西中部汾河流域，以平遥古城为中心，以晋商经济为支撑，体现晋商文化特色；二是分布在晋城境内沁河流域，以阳城县的皇城、润城为中心，以冶炼工业及商贸流通为支撑，体现晋东南文化特色；三是分布在吕梁山区黄河沿岸，以临县碛口古镇为中心，以古代商贸流通、商品集散为支撑，体现晋西北黄土高原文化；四是沿山西省内外长城，在重要边关隘口，以留存了防御性村堡，体现边塞风情和边关文化，在山西统称为"三河一关"古村镇。这些朴实生动和极富文化内涵的古村镇，是人类生存聚落的延续，是中国传统建筑的精髓；保存有完整的古街区、大量的古建筑，体现着先人在村镇选址、街区规划、院落布局、建筑构造、装饰技巧等方面的高超水平；真实地反映了农耕文明时代的乡村经济和社会生活，凝聚了劳动人民的智慧，沉淀了中华民族的优秀文化，传承了丰富的历史信息；具有浓郁的地方特色和很高的研究价值，是人类共同的文化遗产和宝贵财富。

山西省建设厅一直对古村镇及其文化遗产的保护非常重视，从2005年开始，对全省的古村镇进行了系统普查，根据普查的初步成果，编辑出版了《山西古村镇》一书；同年，主办了"中国古村镇保护与发展碛口国际研讨会"，并通过了《碛口宣言》。报请省政府下发了《关于历史文化名镇名村保护工作的意见》，并分两批公布了71个"山西省历史文化名镇名村"，其中18处已经成为"中国历史文化名镇名村"。为大部分古村镇制定了科学的保护规划，开展了多层次的保护工作，逐步形成了科学、合理、有效的保护机制。为了不断提高人们的保护意识，他们又组织编写了《山西古村镇系列丛书》，本系列丛书撷取山西有代表性的古村镇，翔实地介绍了其历史文化、选址格局、建筑特色、非物质文化遗产，内容较为丰富。为了完成书稿的写作，课题组多次到现场调查，在村落中居住生活了相当一段时间，积累了大量第一手资料。通过细致的测绘图纸和生动的实物照片，可以看到他们极大的工作热情和辛勤劳动。这套丛书不仅是对古村镇保护工作的反映，更有助于不断增强全社会的文化遗产保护意识。让我们以此为契机，妥善处理保护与发展的关系，做到科学保护、有效传承、永续利用历史文化遗产，不断开创历史文化名镇名村保护工作的新局面。

是为序。

住房和城乡建设部　副部长

目　录

丛书总序

第一章　得胜古堡群概论 ·· 1
　一、引述 ·· 2
　二、得胜古堡群修建背景 ·· 7
　　　1. 明长城修建背景 ··· 7
　　　2. 得胜古堡群与明长城的关系 ······························ 11
　三、得胜古堡群的防御特点 ····································· 13

第二章　得胜口和镇羌堡 ··· 17
　一、概述 ··· 18
　　　1. 历史变迁 ·· 18
　　　2. 选址依据 ·· 22
　　　3. 功能地位 ·· 24
　　　4. 防御格局 ·· 26
　二、得胜口关城 ··· 27
　三、镇羌堡 ··· 31
　四、月花池 ··· 33

第三章　得胜堡 ··· 37

一、得胜堡的历史沿革 38
二、得胜堡的空间格局 43
  1. 选址 43
  2. 空间格局 45
  3. 街巷空间 48
三、居住建筑概述 59
  1. 院落格局 59
  2. 结构与营建 64
  3. 门楼 68
  4. 装饰 71
四、典型民居分析 75
  1. 许家院 75
  2. 高家院 80
  3. 孙家院 83
五、防御性建筑 85
  1. 城墙 85
  2. 瓮城与月城 91
  3. 内城门 94
  4. 玉皇阁 97
  5. 点将台、晾马台和对门墩 101
六、得胜堡的民俗文化 102

第四章　四城堡 …………………………………………… 107
　一、四城堡历史及地位 ………………………………… 108
　二、四城堡现状 ………………………………………… 116

附录 ……………………………………………………… 119
　历史建筑测绘图选录 …………………………………… 119

后记 ……………………………………………………… 128

【第一章】

得胜古堡群概论

DESHENG GUBAOQUN GAILUN

一、引述

得胜古堡群位于山西北部大同市新荣区,与内蒙古的丰镇市交界(图1-1、图1-2),是明外长城大同镇的重要隘口(图1-3、图1-4),也是目前大同市保存最完整的古堡群落之一。

图1-1 得胜古堡群在山西省的位置图

图1-2 得胜古堡群在新荣区的位置图

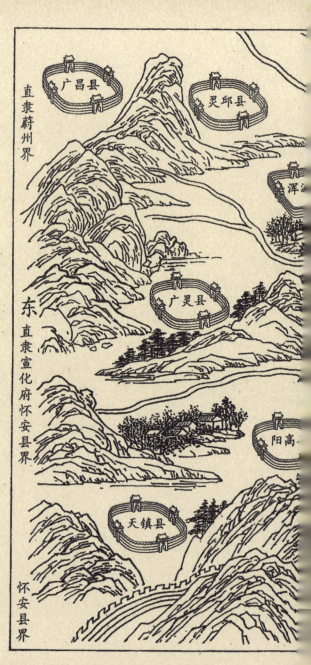

图1-3 清雍正《山西通志》中的大同府志图

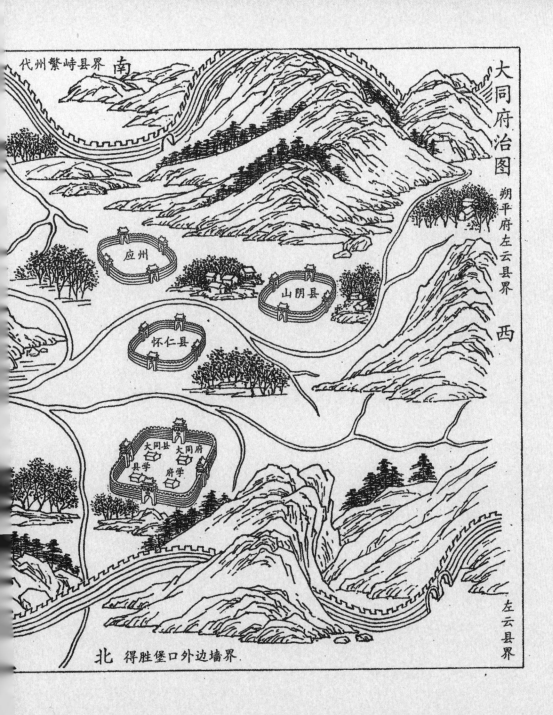

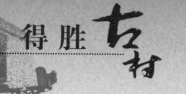

图1-4 清道光《大同县志》中的边邑图[1]

古堡群由"一口三堡"组成,"一口"指的是得胜口(年代不详),它是由关外进入关内的重要隘口;"三堡"则分别是镇羌堡(1545年)、得胜堡(1548年)和四城堡(1571年)(图1-5),各堡之间相互依托。

古堡群北依明长城和八棱碑山[2](图1-6),东面即是饮马河(图1-7)。饮马河两岸曾是戍边将士放牧军马的天然草场。相传李世民军队出塞时曾在此饮马,故得名。饮马河原来叫如浑河或御河[3](图1-8、图1-9)。清·道光《大同县志·卷四》里对饮马河曾有

---

[1] 该书由(清)黎中辅纂,许殿玺校注,山西地方志办公室整理,山西人民出版社1992年出版。

[2] 八棱碑山,得胜堡北面所对的山,因当年山顶立有一八棱状的石碑而得名,又因其形似古代的官帽而叫官帽山。

[3] 御河:也叫玉河,是大同市附近最大的一条河流,干流长135公里,流域面积5000多平方公里,御河上出交河县,下入清池县界。御河汇入桑干河,桑干河流入永定河,而永定河是海河支流,所以御河属于海河水系。

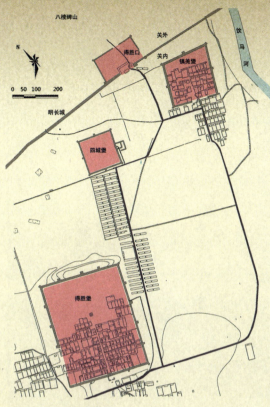

这样的描述:"如浑河,一名玉河,发源于丰镇厅北察哈尔奔奔之葫芦海,南流至三台道北,后营水西来注焉。由镇羌堡水口入塞逮界,南流五里至得胜堡南,卷子河水西来注焉。"清雍正《山西通志·卷二一》也有描述:"如浑

图1-5 一口三堡分布图

图1-6 从得胜古堡群看八棱碑山

图1-7 饮马河风光

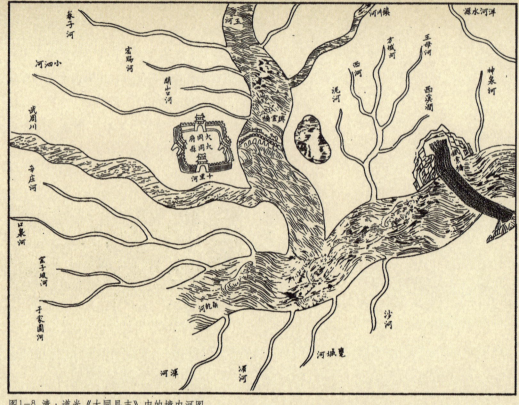

图1-8 清·道光《大同县志》中的境内河图

图1-9 得胜古堡群与饮马河关系

水,在县东北八十里。源出塞外之葫芦海,经阳高开山口两源合流,入县境得胜堡。东南流,入桑干河。隶县境凡百四十里"。[1]

---

[1] 桑干河为永定河的上游,是海河的重要支流,位于河北省西北部和山西省北部朔州朔城区南河湾一带。桑干河属海河流域永定河,由上游源子河、恢河在朔城区马邑汇合后为桑干河,流经朔城区、山阴县、应县、怀仁县,在怀仁县古家坡附近进入大同市,经河北省汇入永定河。

二、得胜古堡群修建背景

1. 明长城修建背景

春秋战国时期,我国就开始修建长城,主要用于抵御北方游牧部落的侵袭。此后长城的修建一直持续到清朝早期。这期间至少有九个朝代修筑的长城在大同地区留下了遗迹,分别是赵长城、秦长城、汉长城、北魏长城、北齐长城、隋长城、金长城、明长城和清长城。[1] 明代之前的最后一次大规模修筑长城是在隋朝。隋代之后的唐代国力强大,是以自信而开放的姿态来面对关外少数民族,不需要长城这种人为防线;宋代面对辽代与西夏的压制,由于没有了燕云十六州的险要之地[2],国土边界南移无险可依,既无必要也无力修筑长城;而元朝统治者本身即为关外民族。所以,这三个朝代并未修缮前代长城的遗迹,长城的防御功能也几乎被遗忘,城墙也在岁月的侵蚀下渐渐破败毁坏。

与之前历代长城相比,明长城费时最久,工程最大。《明史·兵志三》[3](九十一卷)记载:"元人北归,屡谋兴复。永乐迁都北平,三面近塞。正统以后,敌患日多。故终明之世,边防甚重。东起鸭绿,西抵嘉峪,绵亘万里,分地守御。"明长城总长约6350公里(图1-10),连绵起伏,坚固雄伟。它由一系列城堡、城墙、城台、烟墩等四类防御工程组成,建造等级严格,且规模不同的城堡关口都有着各自的形制要

图1-10 明长城图[4]

---

1 尚珩.山西明长城文献综述.沧桑,2009年第6期。
2 燕云十六州,又称"幽云十六州",是指中国后晋天福三年(938年)石敬瑭割让给契丹的位于今天北京、天津以及山西、河北北部的十六个州,它使得辽国的疆域扩展到长城沿线。这导致中原赤裸裸地暴露在北方少数民族的铁蹄下(因中原士兵善守城,而北方少数民族士兵善攻),对宋朝的衰变乃至灭亡有着重大影响。
3 《明史·兵志》作为人们研究明代军制时经常征引的基本文献之一,该《志》自康熙十八年至乾隆四年,经过了三个阶段的纂修。
4 图片来自:罗哲文著.长城.清华大学出版社,2008年64页。

| 山 | 西 | 古 | 村 | 镇 | 系 | 列 | 丛 | 书 |

求。明代对于长城的修筑大致可以分为三个阶段。

第一阶段是明朝前期（1368~1447年）。在明朝初年，被朱元璋推翻的蒙古贵族（当时叫北元[1]）不甘失败，经常骚扰明朝北部地区。由于蒙古兵多是骑兵，战马强壮，而且士兵英勇善射，这样他们的进攻范围就非常大。明王朝的北方边界基本上都遭到过蒙古军的侵扰，他们严重威胁了明王朝的统治。明太祖朱元璋为巩固北部边防，屡次派大将北征蒙古，还派他的两个儿子燕王朱棣和宁王朱权[2]镇守北部边关。到明成祖朱棣时，五出漠北，相继击败蒙古的鞑靼和瓦剌等部落[3]。又于沿边设镇，派兵驻守。《明会要·兵六》（卷六十三）记载："明初设辽东、大同、宣府、延绥四镇，继设宁夏、蓟州、甘肃三镇，镇守皆武职大臣，提督皆文职大臣，又以山西镇巡统御偏头三关，陕西镇巡统御固原，亦称两镇,是为九边"[4]。《明史兵志三》（九十一卷）又记载："帝（明成祖）于边防甚谨，自宣府以西至山西，缘边皆峻垣深壕，烽堠相接。"从上述文字可以看出，明王朝对付蒙古残余势力并不是也不可能采取完全进攻，它还用以前修长城的方法来抵御蒙古骑兵的骚扰和入侵。明朝前期的长城工程主要是在北魏、北齐、隋长城的基础上，增建烟墩、烽堠、戍堡、壕堑，局部地段将土垣改成石墙。修缮重点是北京西北至山西的外边长城和山海关至居庸关的沿边关隘。[5]明成祖五次北伐，使得蒙古势力元气大伤，边境安静了几十年。之后的明仁宗和明宣宗便没有再对蒙古势力采取大的军事行动。

第二阶段为明朝中期（1448~1566年）。明王朝在经历了"仁宣之

---

1 北元(1368~1402年)是史书对元朝灭亡后退居蒙古故地的残余政权的称呼。延续年代始于洪武元年（1368年），终于建文四年（1402年）。后为鞑靼所代替。
2 宁王朱权(1378~1448年)，朱元璋第十七子。字臞仙，号涵虚子、丹丘先生，自号南极遐龄老人、臞仙、大明奇士。自幼体貌魁伟，聪明好学，人称"贤王奇士"。朱权15岁时，朱元璋为防御蒙古，封朱权于大宁(今属内蒙古赤峰市宁城县)，与燕王朱棣共同节制沿边兵马，称宁王。
3 北元灭亡后，明朝人把漠北的蒙古族称为鞑靼，漠西的称为瓦剌。他们相继强盛起来，为争夺蒙古草原的统一权，彼此不断征伐，之后也向明朝进攻。明成祖为了边疆的稳定，先后数次亲率大军分别将其击败，但并没有从根本上将其消灭，所以这两个部落与明朝的战争一直持续有百余年。
4《明会要》，清龙文彬（1821~1893年）编撰。共八十卷，分帝系、礼、乐、舆服、学校、动历、职官、选举、民政、食货、兵、刑、祥异、方域、外蕃等十五门，子目为四百九十八事。
5 董耀会.万里长城纵横谈.人民教育出版社，2004

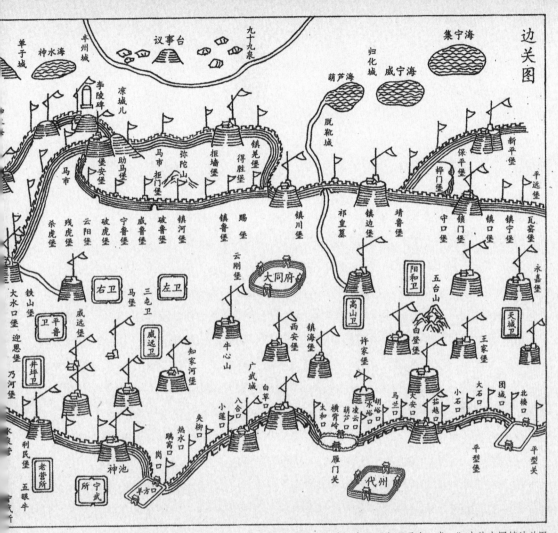

图1-11 清·雍正《山西通志·卷一》中的大同镇边关图

"治"的短暂繁荣后，开始走下坡路，国力和军力渐渐衰退。而蒙古的瓦剌、鞑靼部落开始强盛起来，并不断侵犯明朝边境。"土木堡之变"后[1]，明英宗被俘，明军士气大减。明王

---

[1] "土木堡之变"指明正统十四年（1449年），为了抗击蒙古也先率领的瓦剌军队的入侵，明英宗在宦官王振的怂恿下御驾亲征，行至土木堡（今河北怀来东），被瓦剌军追赶上来，把明军团团围住，两军会战，明军全军覆没，王振被部下杀死，明英宗被瓦剌军俘虏，史称土木堡之变。在这次战斗中，明军20万主力部队全军覆没，随行的朝中半数文武大臣皆被杀死。经过这次事变，明朝总体实力大损，以后再也没有能力主动进攻蒙古。

朝对蒙古部落的对策由原来的主动进攻转向了防御为主，正如《明史·景帝本纪》记载："自土木败后，边将无敢与寇战。"此后，明廷投入更大的力量修缮和加固长城，使原先不相连接的关隘和长城连接起来，并开始修建军事寨堡。明代全线连接的、完整的长城防御体系就是在这一期间形成的。而得胜古堡群的修建也正是处于这个时期（图1-11）。但是这一时期的长城同洪武和永乐年间所修沿边关隘的性质不同，已成了消极防御的军事工事。经过"土木堡之变"到后来的"隆庆和议"[1]这段漫长的阶段（1448~1571年），明朝和蒙古之间的战争一直处于胶着状态，这给双方都造成了巨大的消耗和伤害。

第三阶段为明朝后期（1567~1644年）。这个阶段的明长城修建又分为两个时期：一是在明朝和蒙古边境的修筑（主要是修补和扩建），二是明朝和后金（即后来的满清）之间边境修筑（主要在辽东和山海关附近）。

明穆宗（隆庆皇帝）即位后，政策开明，经过一系列改革，国力得到一定恢复，涌现出了历史上一大批著名的文臣武将，如高拱、张居正、戚继光、俞大猷、王崇古[2]等。当时蒙古鞑靼部首领俺答汗多年进攻明朝边境，但是都没有取得实质性进展。双方就僵持了下去，最后在张居正和王崇古等人的恰当处理下，明蒙双方握手言和，从此明蒙边境再无战争。但是当时明王朝为了保险起见，还是在边关修补了一些破损的长城。《明神宗实录·卷十》记载："万历元年二月丁卯，阅视侍郎吴百朋奏请修复大同边墙。他在奏折中说道：'云中川原平衍，无险可依，与虏隔者仅一墙耳。中国之藩篱不固，夷狄之出入无常，设有不测何以御之？'兵部如百朋议，获行。"可见，即使在和平的时候，边境的防备也没有放松。而得胜古堡群也是在这个时期的明万历三十二年（1604年）得到了扩建。

由于在这个时期明朝和蒙古的关系慢慢缓和，而之后明王朝和东北部女真族建立的后金的关系变得紧张，再后来明长城的修建主要是为了防御和抵抗后金的入侵，所以修建的重点向东转移至辽东和山海关，并且一直延续到明朝的灭亡。

---

1 公元1567年，明穆宗继位，改元隆庆。高拱、张居正先后入阁担任首辅，开始推行一系列改革，整顿吏治，清除嘉靖时的腐败政治和积弊，也开始反思前朝拒绝与北方蒙古俺答部通好的政策。在高拱、张居正的力促下，明朝与蒙古达成了对俺答汗的封王、通贡和互市的协议，史称"隆庆和议"。
2 王崇古（1515~1588年），字学甫，号鉴川，别号清川。山西蒲州（今永济西）人。嘉靖二十年（1541年）进士。喜论兵事，悉诸边隘塞。历任刑部主事、陕西按察、河南布政使。嘉靖三十四年（1555年）为常镇兵备副使，击倭寇于夏港。嘉靖四十三年（1564年）升任右佥都御史，巡抚宁夏。隆庆初年，受任总督陕西、延、宁、甘肃军务。隆庆四年（1570年），改总督山西、宣大军务，力主与俺答议和互市，自是边境休宁。

2. 得胜古堡群与明长城的关系

作为明王朝北方最重要的两个军事重镇（另一个是宣化）之一，大同一开始就担负着明朝北部的边防保卫。清·道光《大同县志·卷六》记载："云中为秦汉用武之地，至前明而边防益密，寇掠者无虚日，寝食难安。邑境之北，重关叠隘，不特为云中之藩篱，而且为全晋之保障也。"而从《明世宗实录·卷三三二》中嘉靖二十七年（1548年）朝廷发到各边镇的太仓年例银两[1]来看："辽东一十四万七千一百有奇，大同二十二万七千五百有奇，宁夏四万，固原五万八千八百有奇，甘肃八万，延绥一万一百有奇，蓟州三万。"以上这两句话说明了当时大同军事地位之重要。

新荣区位于大同镇北部最险要的地方，地势较高，视野开阔，丘陵起伏，沟壑纵横，进退自如，易守难攻，是当时大同镇的"极边要冲"，得到明王朝的高度重视。明朝的万里长城在新荣区内有两条，这两条长城分别被称为头道边和二道边。两条长城呈"钳"形，绵延分布于境内的北部丘陵。头道边又称外边墙，二道边称内边墙。著名的内五堡（镇川堡、宏赐堡、镇鲁堡[2]、镇河堡和镇边堡）属于二道边，而塞外五堡（拒门堡、拒墙堡、助马堡、保安堡和镇羌堡）则属于头道边。《明世宗实录·卷二三零》记载："嘉靖十八年（1539年）十月，巡抚大同都御史史道以大同修筑宏赐、镇边、镇川、镇房、镇河五堡工成，叙次总督尚书毛伯温等督修之功。"可见，二道边及内五堡的修筑是在嘉靖十八年。《明世宗实录·卷三零八》又记载："嘉靖二十五年（1546年）二月，大同以北二边西至大同左卫马头山起，东至阳和柳沟门止，创镇羌、助马、拒墙、拒门四堡，乞设官兵防御。"通过上面的史料，可以看出外五堡的修筑晚于内五堡。而得胜古堡群中的得胜堡则建于嘉靖二十七年（1548年），稍微晚于它们。这两道长城及沿边寨堡修筑之后，就构成了明代大同北部的重要防御体系（图1-12）。

得胜古堡群处于新荣区防卫最险要地段，是作为保卫大同的屏障而修建的（图1-13）。当时作为边墙五堡（即内五堡）之一的宏赐堡[3]地理位置十分重要，它的得失直接

---

[1] 太仓这个机构设于明弘治末、正德初，是明朝廷专门应对紧急军情或重大自然灾害的财政机构，在嘉靖、隆庆和万历年间，它还逐渐担负起负责北京和北部边镇常规开支的财政功能。
[2] 镇鲁堡原来叫镇房堡。明蒙战争期间，明朝在长城边塞修建了大量军事寨堡，有不少以"房"字命名的，如镇房堡、破房堡。"房"是对北方游牧民族的蔑称，后来随着明蒙关系的改善，双边人民的贸易往来也得到加强，明政府为了消除敌意，故将"房"字改作"鲁"。
[3] 宏赐堡位于大同以北50里处，得胜堡西南近20里处。现状与得胜堡类似，堡城砌砖早已被拆光，残土墙亦破坏严重，城南侧墙基本已平，南门原为砖砌券拱门，今已成豁口状。

图1-12 大同市古长城及古寨堡分布图

关系到大同的安危,所以蒙古部落经常从宏赐堡进入大同侵袭。清·道光《大同县志·卷六》记载:"明嘉靖十五年八月,俺答由宏赐口入,遂掠浑源、灵丘。十九年七月,由宏赐东口入,掠至灵丘,复由宏赐东口而出。三十一年,俺答又由宏赐堡下浑源。"鉴于此,明朝开始在宏赐堡北面设置障碍,阻止蒙古军队的南下,于是塞外五堡(包括镇羌堡)和得胜堡相继建造起来,它们很大程度上遏制了蒙古势力的侵入,对于保护大同北部边境起到了重要的作用。

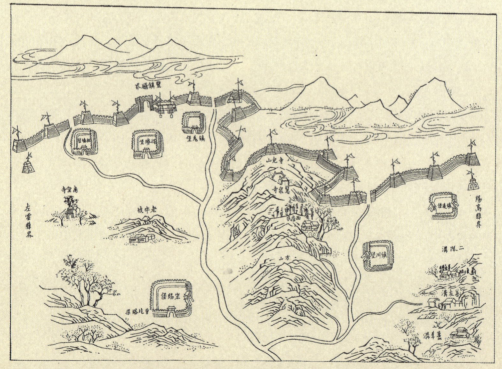

图1-13 清道光《大同县志》中的大同府北部边防图

三、得胜古堡群的防御特点

得胜古堡群是大同北部的一个重要军事防御寨堡。据《武备志·卷二百六》[1]记载,从嘉靖十八年到嘉靖四十五年,当时明政府在大同一共设立九路参将,而得胜堡是作为其中的北东路参将而设立的。该书是这样记载的:"北东路参将,旧系北路,嘉靖二十八年改设,驻留得胜堡,所属镇羌堡、宏赐堡、镇川堡、镇边堡、镇房堡、镇河堡六守备。"仔细看前段文字就会发现,上述六守备中的最后五个都是"塞内五堡"。这么重要的五堡在当时都归得胜堡参将府所管辖,显示出了得胜堡的重要地位。设想一下,一旦蒙古军大举进攻得胜口处的边墙,消息通过镇羌堡马上传到得胜堡,得胜堡作为大同北东路军的指挥枢纽,自然会向所辖的另外"内五堡"传达信号,让他们来救援。同时蒙古进军的信号也会通过这些寨堡传递到周边其他路军,从而让他们也加强防守(图1-14、图1-15)。若是小股的蒙古骑兵来边墙骚扰的话,那也就犯不着通知几十里外的其他寨堡了,整个得胜古堡群的兵力就足以防守了。

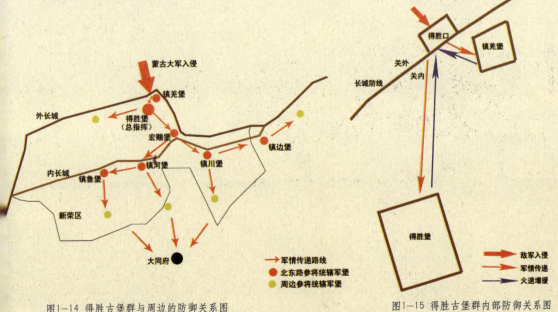

图1-14 得胜古堡群与周边的防御关系图　　　　　图1-15 得胜古堡群内部防御关系图

---

1 《武备志》为中国明代大型军事类书,是中国古代字数最多的一部综合性兵书。明茅元仪辑,240卷,文200余万字,图738幅,由兵诀评、战略考、阵练制、军资乘、占度载五部分组成。

得胜古村

| 山 | 西 | 古 | 村 | 镇 | 系 | 列 | 丛 | 书 |

得胜古堡群能作为一个重要的军事防御体系堡寨，有它自身的明显特点：

1. 选址以"据险"、"扼要"为指导原则。得胜古堡群周围地形起伏不定，北部紧挨着一片山地，南面则尽是平地，长城在此经过。此地易守难攻，若是在该地方设置一些军事寨堡，能更有效阻止蒙古铁骑的南下（图1-16）。

图1-16 得胜堡北面的地形

2.得胜古堡群西面和南面是大面积的耕地和林地,能够给守边将士提供大量生活和生产的必需品。所以,在以"据险"、"扼要"为基本原则下,同时对生活资源条件、施工可操作性、戍卒配置经济性等众多因素权衡考虑,得胜古堡群具备了一个军事寨堡所应具备的特点(图1—17)。

另外,堡寨布防的间距及在网络中各种军事堡寨布置的间距疏密,是视具体战时所处的地理地势等条件而灵活设定的。不同朝代的疏密于此基础上再行变化。《居延汉简》载汉长城,"五里一燧,十里一墩,卅里一堡,百里一城"[1]。而《明世宗实录·卷三零八》又记载:"大同旧有三边高墙大墩凡六百余里,降二十里为一堡,声势联络自足拒敌。边墙内往常创立城堡,每堡募军五百名,人授一室,俾有恒居。"可以看出明朝的军堡之间的距离比汉代是减少了。得胜堡距离较近的宏赐堡和拒墙堡都是20里,同明朝寨堡之间的距离也相符合。从古堡群内部来看,得胜堡距镇羌堡1250米,距四城堡500米,距得胜口950米,在如此近的距离,寨堡设置却非常集中,足以说明明王朝对该古堡群的重视。

从得胜古堡群的防御也可以看出,重要关隘堡寨等也是由多个城堡、墩台连同长城配合而成的。得胜古堡群"一口三堡"的组合形式,结合地形,灵活布置,形成战略上的互补,是建立在当时统治者对当地情况充分考虑前提下的。

---

1 20世纪,中外学者在我国西北居延等地区发现大量汉代简牍,即"居延汉简"。这些汉简对研究汉朝的文书档案制度、政治制度具有极高的史料价值,史誉其为20世纪中国档案界的"四大发现"之一。

得胜古村

|山|西|古|村|镇|系|列|丛|书|

图1-17 得胜堡西面的耕地

【第二章】

得胜口和镇羌堡

DESHENGKOU HE
ZHENQIANGBAO

得胜古村

一、概述

得胜口和镇羌堡位于得胜堡的东北方向，与得胜堡相隔仅1公里。得胜口为关城，镇羌堡为堡寨，二者相距仅50米（图2-1），军事功能联系紧密，共同构成了明代长城军事防御设施的基本单元，即长城防御关口。

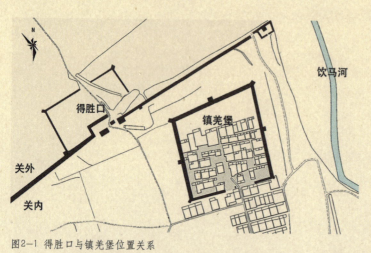

图2-1 得胜口与镇羌堡位置关系

1.历史变迁

据清道光《大同县志》记载："镇羌堡，在县北八十三里，东至镇边七十里，东至镇川四十里，北至边墙半里，东南至聚乐一百十里。堡方一里，厚两仞余，门楼一，明嘉靖年间筑。"《三云筹俎考》记载："镇羌堡，嘉靖二十四年（1545年）设，万历二年（1574年）砖包，本堡边塞首冲之地，依附得胜为之后劲，借以无恐，然事变呼吸防御之策，不可不慎也。"[1] 以上说明了镇羌堡的险要位置和它与得胜堡的关系。嘉靖二十八年（1549年）[2]，宏赐堡参将移驻得胜堡之后，对镇羌堡进行增修。得胜口、镇羌堡和得胜堡最初均为土筑城墙。明万历二年（1574年），则一并包砖（图2-2）。

图2-2 裸露的得胜口（近）与镇羌堡（远）城墙

1 古籍《三云筹俎考》，作者王士琦（1551～1618年），明代军事家，字圭叔，号丰舆。得胜口与镇羌堡记载于卷3《险隘考·大同总镇图说》。
2 大同县志的记载为嘉靖二十八年（1549年），但得胜门石碑立于嘉靖二十七年（1548年），由此推断得胜堡可能是1548年开始修建，1549年正式修建完工，参将才从宏赐堡搬过来。

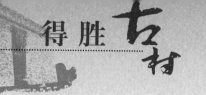

得胜古村

得胜口的历史目前尚无法确定，有人说得胜口建于明嘉靖十八年（1539年），依据是清道光《大同县志》记载："得胜堡（即得胜口），在县北八十里，距边墙三里。"但是那个得胜口其实是得胜堡，并且写道"距边墙三里"，得胜口与边墙建在一起，何来距边墙三里？所以这种说法是不对的。另外，《大同市新荣区文史资料集·第六辑》中提到，得胜口于明隆庆年间开设。中国民族摄影艺术出版社出版的《走进堡子湾》一书中说得胜口建于明朝洪武年间。上面两种说法都有争议。笔者认为，得胜口这段城墙在明初应该就存在，但得胜口关城的修建与塞外五堡的修建应该是同时的，因为塞外五堡之间的明长城就在得胜口穿过，而得胜口距离塞外五堡之一的镇羌堡仅有50米，所以得胜口关城与镇羌堡应该是一起建的，大概也在明嘉靖二十四年（1545年）。只不过那时候的关城比较小，只起防御作用。到了后来"隆庆和议"之后，明朝对得胜口关城又进行了扩建，还建了马市楼等一系列配套设施，关城同时具备了军事和贸易关口的作用，就是我们今天所看到的这个样子。[1]

镇羌堡是边关军堡中等级最低的堡城[2]，其规模更接近于兵寨[3]，平面亦没有遵循严格的规格形制，而是因地制宜，依附得胜口与长城，形成近似直角梯形的平面，边长从220～270米不等，周长一里七分，高三丈八尺[4]。镇羌堡与得胜堡功能相同，初建时均为纯粹的军事堡垒。明朝内驻守备，官军1053名，马骡168头。

得胜口落成之后，又在其外侧建造了得胜口关城，以增强关口的防御。这里由于位于明蒙边境，是军事要地，多次发生过明军与蒙古游牧民族之间的征战。后来双方握手言和，这里便又成为重要的贸易关口。为了便于贸易管理，关城内外又陆续建了马市楼、庙宇，南、北致远店、街市，等等。每日商业往来，军官巡逻，热闹有序，那时的得胜口非常繁华，既有商业往来，又有重兵驻守。明朝末年，防御的重点变为关外的满族，镇羌堡的作用不再如以前那般重要，守兵逐渐减少，部分营房变为了民宅。

到了清代，由于朝廷对边关少数民族采用怀柔政策，长城的防御作用丧失，屯兵的军

---

1 从现存的得胜口关城来看，其墙体厚度远不如得胜口附近的长城及瓮城，可见其作用不是以军事防御为主，只是设的一道关口罢了。
2 明代军堡等级由高至低依次为：镇城、路城、卫城、所城、堡城。
3 防御性聚落可依据防御设施全面与否而分为堡和寨，寨的防御设备没有堡齐全，镇羌堡因防御守备齐全，所以为堡，但其尺度很小，更接近于寨。
4 数据源于：大同市新荣区文史资料室著.大同市新荣区文史资料（第六辑）.大同市新荣区文史资料出版，2007年。

堡也渐渐向居民的村堡转化。得胜口与镇羌堡亦失去了之前的军事意义，有些士兵没有回原籍，而是留下来作为普通百姓居住于此，镇羌堡变为村落。这时候，蒙汉之间的贸易也变得更为开放，不再设置专门路线与集市时间，得胜口的商业更加繁盛。清末，得胜口内修建了税亭、庙宇、戏台等，其集市大街的规模也越来越大，大街的南端修筑了紫塞阁[1]（又称南阁）（图2-3）。

民国时期，得胜口市场开始变得动荡混乱，商铺大量减少。抗日战争期间，得胜口还曾发生过游击战，但是范围较小，故没有造成过多的影响，得胜口与镇羌堡一如往昔。到了民国24年（1935年），得胜口东北侧开通了平绥铁路（今京包铁路）和同丰公路的（今208国道），使得胜口彻底失去了商贸意义，变成了一个荒废的历史遗迹。

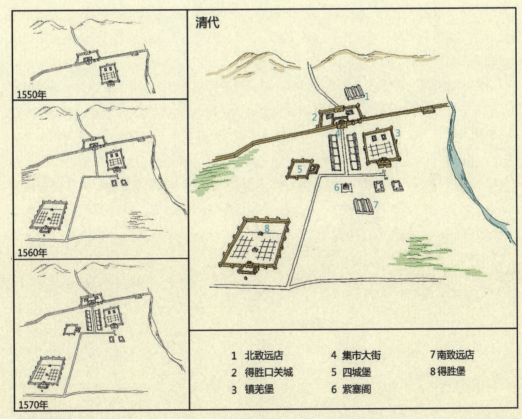

图2-3 得胜口变迁示意图

---

[1] 该阁毁于1952年。

得胜古村

山｜西｜古｜村｜镇｜系｜列｜丛｜书

"文革"时期，镇羌堡遭到很大破坏，城门也被毁坏。得胜口关城亦被彻底毁坏，所有包砖均被拆除用来新建民房。[1]

2. 选址依据

由于镇羌堡是依附得胜口而修建的，因此这里先探讨得胜口的选址。然后，在此基础上，分析镇羌堡的选址。

一般情况下，在长城上建造关口主要有三方面的考虑。首先是地理因素。长城及长城军事聚落选址的基本原则是"因地形用险制塞"，尽量靠山临水。这些地势险要之地，易守难攻，有利于军事瞭望守卫。其次是人文因素，特别是经济贸易因素。将关口设在交通要道上，便于军事管理与货物运输，也便于两地百姓的往来。其三是风水因素。一般会选择山水围合、负阴抱阳、藏风纳气之地。

得胜口的现址也遵循了上述三点：地处外长城，边疆界限，是军事防御之要道，需要便于守卫的地形[2]；同时两侧紧邻汉蒙百姓聚居地，为关内外的货物交易场所，需要平衡与蒙汉的距离；背山临水，风水正佳。综上所述，现址北临山脉，东有河流，南为平原，符合因地形用险制塞的要旨，并且与周围关口距离符合最佳管辖范围，是周边最合适的选址（图2-4）。

不仅得胜口的选址要看重地形，就连它和长城的关系、与关口相互依存的堡寨的设置也要仔细选择地形，力求因地制宜，巩固防御（图2-5）。北

图2-4 得胜口所在长城段

---

1 20世纪80年代开始，镇羌堡的人口有所减少。到了21世纪，当地政府为了保护这一建筑遗产，不允许堡子里的建筑随意改建，很多村民逐渐迁出堡子，在堡子南侧重建宅院。这样一来，很多建筑遗产反倒因此得以传承。
2 在靠山临水之地，如果山势险峻，聚落则多建于山间易守难攻之地，如果山势平坦，则更多地选择在山的背后，平坦视野开阔之地，也有利于守望。得胜口北侧的山比较平坦，所以选择了山势与水系之间的开阔之地，依傍长城，也便于守卫与眺望。

图2-5 得胜口鸟瞰

宋《武经总要》云:"唐法,凡边城候望,三十里置一烽,须在山岭高峻处,若有山冈隔绝,地形不便,则不限里数。"[1]这说明军事设施的建设需要利用地形,但是却不可拘泥于死条例,要按照实际情况灵活运作。所以支撑关口的堡寨既要依附地形,又要与关口联系紧密。得胜口现址的军事与人文环境特点主要有三点:一是为长城沿线的汉蒙民间通市所在之一,需要加强防守,保证贸易环境;二是地势平缓,利于眺望,但防御层次上比较薄弱,故需要增加防御守备,增强兵力;三是耕地较少,可种植农作物种类少,需要适量囤积粮食。

综上可知,得胜口需要一座与之关系紧密的屯兵屯粮的堡寨,给予军事支持,于是镇羌堡的建造也就顺理成章了:与得胜口规模相匹配,距离上很近,兵力转移快捷,地理位置上二者南北相错,并不正对着,一方面起到缓冲作用,另一方面阻挡风水泄露。

---

[1]《武经总要》,北宋曾公亮和丁度合著,是我国历史上重要的军事著作之一。

3. 功能地位

得胜口建设最初，只是为了完善长城的防御功能，所以为纯粹军堡，只具备军事功能。单个军堡作为防御的最基层防御单位，是通过一种或多种防御工事来加强长城沿线的整体设防能力的。

从军事等级上看，明长城由城墙、关、城堡、墙台和烟墩等组成完整的军事防御工程体系。得胜口属于关口，镇羌堡属于堡城，这两者均为等级较高军事建筑[1]，虽然规模不大，但两堡联合防御，构成了高级防御工事中的守备设施。

从防御层次上看，军事设施与边防构筑物从外到内的顺序为长城—烽火台—敌楼—城堡系统。长城、烽火台、敌楼为外部防御构筑物，而关口与堡寨为后部防御构筑物，并不是直接战场，而是给战场提供信息、兵源的后方（图2-6）。

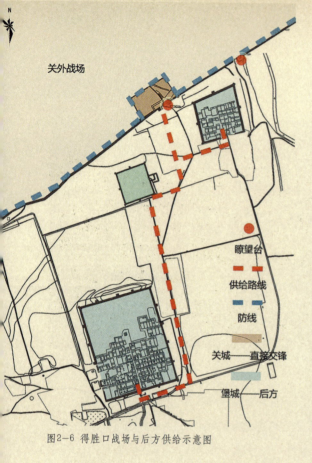

图2-6 得胜口战场与后方供给示意图

从筑造规模上看，得胜口与镇羌堡规模适中，这里同一时段最多驻扎过1053名戍边将士，配备有268匹军马，负责分守边墙22里、边墩28座，最高军事长官[2]为"守备"，级别仅次于"总兵"。

据《三云筹俎考》记载[3]，嘉靖三十年（1551年），俺答汗部曾由此入边大掠，正是镇羌堡驻守的部队及时反击，才保卫了关内的安全。所以，得胜口与镇羌堡立足于边塞首冲之地，虽小而功大，在长城沿线有着很重要的军事地位。

---

1 军事防御建筑可分别点型与线型，线型包括长城、桥，点型军事建筑包括关、堡、墩、台（等级由高至低）。
2 明代军事系统，高级军事长官有：总督、巡抚、总兵、守备。
3 《三云筹俎考》卷2"军实考"。

在明朝后期开放大同、宣府等地，成立"互市"之后，晋商随之兴起，得胜口的军事功能慢慢减弱，周边商业却因此兴盛起来。这个时候得胜口不仅是长城上的军事关口，还是大同镇中路商贸路线上官兵验关的地方，外来客商在此经过检查才可以由此进入关内。得胜口城门的开放时间也与四城堡的集市交易时间相吻合。在城门打开之前，关外来的商人、货物安置在关口外的北致远店，关内的商人、货物则屯扎在关口内的南致远店，得胜口成为关内外天然的交易分隔，使集市便于管理。

到了清朝前期，长城防线彻底被废除，镇羌堡变为军民混住的寨堡，得胜口继续发展商业往来。清朝后期，得胜口还被赋予了文化功能，成为得胜堡、镇羌堡村民的文化场所。关城内建设了少量街市及民宅，但居住人口较少，街市也只有一些很简易的小商铺，提供一小部分生活必需品。最重要的三座建筑就是关公庙、老爷庙和戏台，是周边村民们聚集参拜听戏的地方。每到演戏的日子，得胜口就会更加热闹。

综上所言，得胜口与镇羌堡在不同的时期被赋予了不同的功能地位。明朝中期，得胜口与镇羌堡是相互依存的纯军事设施；明朝末年，得胜口（图2-7）兼顾了商业和军事两个功能，镇羌堡的军事功能也被减弱；清朝时期，得胜古堡群有着繁盛的商业文化；现今，得胜堡古群是新荣区重要的历史遗迹。

图2-7 得胜口口外

4.防御格局

在堡寨建设中，可以将防御设施笼统地分为物质防御和精神防御。

物质防御主要体现在空间尺度和构造结构上。得当的平面长宽比例是防御格局的基础（图2-8）。得胜口呈长方形，长宽比约为1.7。镇羌堡虽然不太规整，但是近似于正方形。同时，二者都有高大的堡墙、攻击性的炮台、坚固的城门，体现了军堡的"高城深池，建堡立墩，燎火相望"[1]的格局，体现了"固"的防卫意向。总而言之，就是从尺度、材质上加强外围防御结构，强调边界节点。再通过几个这样的堡寨配合组合，形成连续一片的防御型空间格局。

精神防御则是通过风水、庙宇和一些装饰性构件来祈求平安。以风水为例，主要体现在城堡要建造得封闭而高大，有利于饮风聚气。清·林牧《阳宅会心集》记载："城门者，关系一方居民，不可不辨，总要以迎山接水为主，故其如有月城者，则以外门收之，无月城者，则于城外建一亭或者一阁，以收之。"[2]

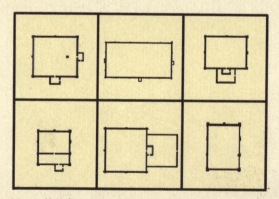

图2-8 城堡常见平面图比例

图2-9 镇羌堡石敢当（一）

---

[1] 王绚著.传统堡寨聚落研究——兼以秦晋地区为例.东南大学出版社，2011
[2] 《阳宅会心集》，清嘉庆十六年刻本，林牧（清）著.

图2-10 镇羌堡石敢当（二）

得胜口与镇羌堡，地势比较平坦，风水之气难以聚集，所以在建设瓮城之后，仍然在得胜口南建南阁，在镇羌堡南则建庙。建造这些"聚气"性建筑，其目的还是为了增加精神防御。细部处理，也多强调精神防御。如在瓮城外立一照壁，城内多处设立石敢当（图2-9、图2-10）、壁龛，这些都有"辟邪驱鬼，保佑安宁"的寓意。

二、得胜口关城

得胜口关城（图2-11）坐落于一片开阔之地，南侧地势平坦，呈长方形平面，南北各一座城门。得胜口关城因其要口位置，又是四堡

图2-11 得胜口遗迹

之首，站在城上，可以遥望关内外，所以又称"望城堡"。关城以长城为依靠，横嵌于长城外侧，长边约为230米，短边约130米，墙体和墩台均为内部黄土夯筑。南北两座城门每日清晨卯时开门，朝阳初开，钟声远扬，待到傍晚夕阳西下，酉时关门，击鼓声相闻。

　　得胜口北城门现只剩下城墙豁口一处，大门尺度不得而知，但是门洞处留有2米宽左右的深深车辙，集中且较深，由此推断原门洞的尺度并不是很大。门洞处还留有原来的石条，现已经破碎不堪（图2-12）。得胜口南城门在长城上直接开门，现尚存长约24米，宽约12米的台基遗迹，南门内侧建有瓮城，瓮城尺度不大，长约60米，宽约20米。瓮城城墙边角处连有一墩台，10米见方，高约10米，也曾石砌包砖。墩台台基上四周设有垛口，其一角立石碑一块，台上原建有房屋，是关口将士站岗的地方。城门东侧长城城墙上有大小两座夯土台基，合称为大小马市楼，建于万历丙午年（1606年）（图2-13）。西台较小，约10米见方；东台较大，约18米见方，高约12米，略高于西台，形似烽火台状。东台西面安置上行的陡峭台阶，两台之间也可借助架梯相连。台基上原修有木楼。楼前曾立大小石

图2-12 得胜口门洞遗迹

图2-13 得胜口马市楼

碑两块。大碑高八尺六寸，宽四尺三寸，厚五尺五寸，厚四寸。小碑高五尺，宽二尺五寸。两碑书写建楼记事，可惜于1966年被"红卫兵"作为"四旧"打碎。木楼上视野极好，可供镇守的士兵眺望之用，也是得胜口的标志性建筑。得胜口两座城门、两座高台，组合在一起，功能明确，空间合理，防御系统完善高效（图2-14）。

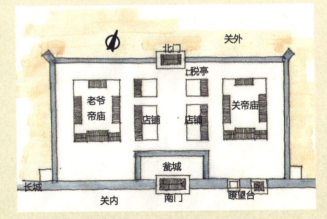

图2-14 得胜口猜想复原图

| 山 | 西 | 古 | 村 | 镇 | 系 | 列 | 丛 | 书 |

乾隆十三年（1747年），清政府在得胜口北城门旁边设立税亭，出入得胜口的商货都必须在此缴纳税费。税亭南侧紧邻店铺，路东龙和店，路西龙泉店，都是负责接待报税人的店铺。城门外，八棱碑山脚下，还留有北致远店的房基遗迹。据载北致远店里的房间有三百多所，规模庞大。[1]

道光十一年（1830年），得胜口关城内建造了关帝庙和老爷帝庙，分列得胜口大路东西两侧，均为坐南朝北的四合院式。其中关帝庙正殿供奉着关帝爷大像，以及关平、周仓、廖化、五甫四座小像。关帝庙内东侧建造鼓楼，西侧为钟楼，正殿前建有戏台。每年有两次定期开戏，为每年关羽忌日农历五月十三和生辰农历六月二十四。忌日戏由得胜口税亭出钱举办，生辰戏则为得胜商业街店铺出钱。每到开戏的日子，整个得胜口就会异常热闹。

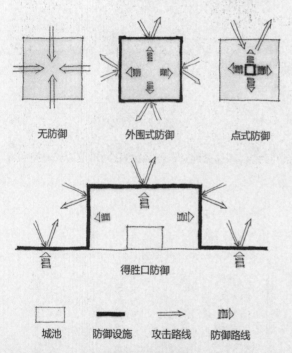

图2-15 典型外围线性防御形式与得胜口防御形式对比图

得胜口的防御作用在长城沿线很具有代表性，其空间组织类似于典型的外围线性防御形式，即"聚落以在聚落防御层次的最外层级，即整体防卫层级进行防御建构为主，是人们可以选择、改造甚至创造出的防御边界"[2]。当敌人入侵时，聚落则是完全依靠外围防御体系进行抗敌。这种防御形式的聚落整体上成围合形态，边界清晰明了，聚落的向心力和凝聚力很强。

但得胜口与外围线性防御形式又略有不同（图2-15）：虽然得胜口将防御功能全部呈线性组织在关城外围，但是并不是成围合形态，

---

1 数据源于：大同市新荣区文史资料室著.大同市新荣区文史资料（第六辑）.大同市新荣区文史资料出版，2007。
2 王绚著.传统堡寨聚落研究——兼以秦晋地区为例.东南大学出版社，2011

而是依附长城成带状形态,这也是边关防御的特点。商业和居住建筑根据不同情况,关城内部、关城北侧和南侧均有设置,并不是完全分布于带状防御的某一侧。这样的原因一是关城尺度不大,不能建造过多的建筑,二是蒙汉百姓居住分区明了,便于管理和防卫。

三、镇羌堡

当地也有居民将"镇羌堡"称为"镇疆堡",为镇守边疆之意,但因没有史料记载,所以无法核实,只是在民间有此流传而已。在建造之初,考虑并不周全,导致镇羌堡的尺度过小,不足以支撑整个得胜口的屯兵要求,所以后来又新建了得胜堡。

镇羌堡的格局规整(图2-16),遵循传统堡寨的"鱼骨型"道路系统,经纬分明。整个堡子只在南侧开设一南门,南门正对着一条南北向主干路,南起城门,北至关帝庙,宽6米,长180余米;有四条宽约4.5米的东西向道路与之垂直相交。南北向主干路和四条东西向街巷将堡子均匀地分为几个区域。这种布局一方面是受到先秦"井田制"的影响,其优点是使得军堡的管理更便捷有效,另一方面也是出于对"传统礼仪"的强调。单一鱼骨型的道路使得东西向路的尽端直通城墙,均为死路。这种完全由堡寨内院墙为边界实体而限定出来的道路,也加强了防御性(图2-17)。

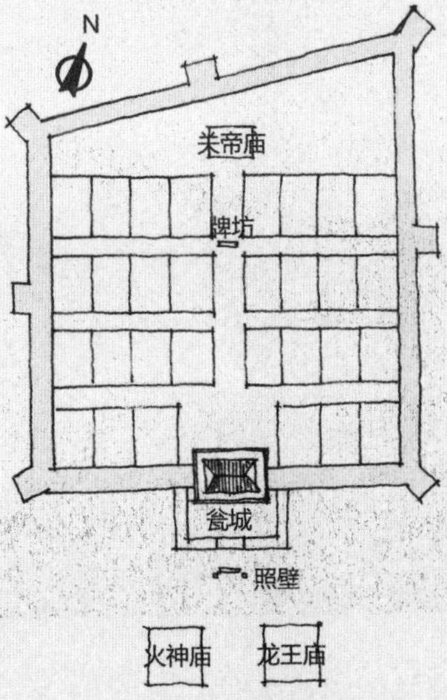

堡寨内除了士兵驻扎的营房以外,在堡子北部建有几座小型的庙宇。主干路最北端为关帝庙,后清初又在关帝庙北侧建造城隍庙和奶奶庙。三庙皆毁于"文革"时期。关帝庙向北45米处有牌楼一座,是中轴路上唯一的空间节点,也是村内聚集停留的空间。瓮城外10米处有照壁一座,两侧放置两座镇河石牛,腰径0.9米,重2吨,惜毁于1966年。再往南,路两侧各建一座庙宇,西侧火神庙,东侧龙王庙,建造年代不详。

聚落格局的建造取决于聚落的功能形态。镇羌堡作为屯兵堡寨,自然格局也要紧凑有序,既要多住官兵、囤积粮食,又要使士兵能够快速集结,这就使得镇羌堡的格局有着如下特征:

图2-16 镇羌堡平面图格局示意

得胜古村

|山|西|古|村|镇|系|列|丛|书|

图2-17 镇羌堡的堡墙

(1) 整个堡子空间内外分隔明确，对外线型防御，对内封闭内敛，道路呈鱼骨形，划分方正整齐，符合传统礼制，利于规划管理。

(2) 道路与城墙围合出院落空间，分布均匀，形制统一，大多数坐北朝南，且进深相同，宽度各异(图2-18)。

(3) 重视礼制，祠庙集中建于北侧上位之地。

(4) 有许多精神防御构件，如石敢当、影壁、牌楼等。这些构件在堡子里各处分布，再加上堡门外的两座寺庙，一同构成完整的精神防御系统。

四、月花池

得胜口东侧的长城一直向东蜿蜒不绝，但在饮马河的交汇处，河的西岸边有一座小城遗迹（图2-19），名唤"月花池"，是官兵守卫长城跨河部分的地方。[1]这座小城长约40米，宽约26米，中间有一座10米见方的方形土台墩，从侧面有登上去的台阶。整个月花池的尺度很小，与得胜四堡形成鲜明对比。

长城的修建一般会在重要的道口、险峻山口、山海交接处设置关城，既可交通，又可防守，在跨越河流的地方，长城下还会建造水关，不破坏河流。得胜长城也是如此，在跨越

---

[1] 有的书中也将月花池叫做"巡河堡"。

得胜古村

山｜西｜古｜村｜镇｜系｜列｜丛｜书

图2-18 镇羌堡内的民居

饮马河的长城段并没有因其而使得长城中断，而是在河上架起城桥与水关，下面让流水经过，上面却阻断军船通行，既不破坏自然，又严格执行着长城的防御作用。待到清朝长城

失去了防线作用，这座桥也失去了维护的意义，年久坍塌，最终一点遗迹不剩，只余岸边这座孤零零的方形城池（图2-20）和"月花"这个美好的名字。

图2-19 月花池遗址（一）

图2-20 月花池遗址（二）

[第三章]

得胜堡
DESHENGBAO

一、得胜堡的历史沿革

清道光《大同县志·卷六》记载："得胜堡（即得胜口），在县北八十里，北至边墙三里，西至拒墙堡二十里，东南到镇川堡。堡方二里，高三仞，厚两仞余。嘉靖十八年筑，旧为红寺堡[1]，在北五十里，正统元年筑。"明代《三云筹俎考》载："得胜堡，嘉靖二十七年设，万历二年砖包。本堡路将驻创之地，逼邻虏穴，一墙之外，氄巾莫遍野，贡使往来之踵相接于途。嘉靖二十八年前抚詹移弘赐堡参将驻创于此。外接镇羌，内联弘赐。"清代《读史方舆纪要》则记载："得胜堡府北五十里，万历二年增修，周三里有奇。"[2] 大同巡抚史道《创立五堡疏》载："又红寺旧堡在镇城正北。"由此可以推断，红寺堡、得胜堡和宏赐堡在嘉靖二十七年之前，都是在同一个区域（即现在的宏赐堡附近）。红寺旧堡很可能就是嘉靖十八年修筑的旧的得胜堡，而宏赐堡则是新堡。后来得胜堡由于战略的需要就北迁到了现在这个位置。现在的得胜堡所建的具体年代，村中现存一块刻有"得胜门"三个大字的石匾，原来立于城门口[3]，匾上右侧刻着"嘉靖二十七年岁次戊申季秋吉日"（图3-1），可见新的得胜堡始建于明嘉靖二十七年（1548年）。

在得胜堡修建之前，得胜古堡群只有得胜口和镇羌堡。由于此处为蒙古军队经常骚扰地方，这就使得明朝必须要在这里大量屯兵。但是当时得胜口和镇羌堡规模较小，不足以容纳足够的兵力，于是一个规模更大、设施更齐全的军事寨堡"得胜堡"建立起来。修建后的第二年（1549年），参将府便由南面的宏赐堡移到了得胜堡。

图3-1 原立于得胜堡城门的石碑

---

1 红寺堡即是后来的宏赐堡。
2 《读史方舆纪要》是清初顾祖禹（1631~1692年）编撰的一本地理类书，颇受后世称道。
3 关于得胜堡名字的历史由来，还有个传说。相传该堡初建时，因未考虑到是风口，堡北墙常被风沙掩埋，胡人来犯，如踏平地，势不可挡，边关失守。消息传入京城，皇官娘娘将自己珍藏的避土珠赐给边关，埋于堡北墙腰。从此，不论风沙多大，沙土总刮不到墙根，此地遂安。守堡将士为庆祝这一胜利，为堡起名得胜堡。如今，该堡南二十余里的宏赐堡北墙，被风沙掩埋了半截，民间有句歇后语："宏赐堡的城墙——根儿深了"。而位于风口上游的得胜堡四周墙根没有一点积沙，积沙都被挡在护城壕以北，形成了一条一人多高的土坎。

《明史》记载，隆庆五年（1571年）三月二十八日，隆庆皇帝下诏封俺答为顺义王，其子弟亦各封官职，并批准了通贡互市，史称"隆庆和议"。同年三月，四城堡作为明蒙马匹交易市场而修建。此时的得胜堡不仅是屯兵之所，也是蒙汉互市的管理之所。由于之后双边贸易的扩大，得胜堡的原有规模已经远远不能满足需要，所以在万历三十二年（1604年），又对其进行了扩建。[1]扩建后的得胜堡就是我们今天所看到的规模。现在，在南面城门门洞的东墙壁上还镶有一块被毛主席语录所覆盖的石碑（图3-2）。

从这块看似普通的石碑上，我们会发现上面刻着密密麻麻的阴刻文字。碑上的字迹还算清晰完整，为万历三十五年（1607年）八月得胜堡扩修竣工记事碑。碑上的文字如下：

为内治宜图狙款非计等事，照得奉文展筑得胜，系题准钦限城工，为其护保。市口，实乃大同一镇封贡极冲要地，因其人稠地狭，原议添筑关城一座，东西南三面大墙沿长二百二十八丈，城楼二座，敌台、角楼七座，俱各调动本路镇羌等七堡军夫匠役共计一千一百八十八名。原议城工俱用砖石包砌，于万历三十二年七月内起，三十五年八

图3-2 城门洞东墙壁被毛主席语录覆盖的东侧碑文

---

1 参见：政协大同市新荣区委员会综合委员会.大同市新荣区文史资料（第六辑）.2007年，第18页。

月终止。所有原议土筑、砖包、关城、大墙并城楼、敌台等项,俱各通完。仍有原议新军营房三百间,今亦盖完。其原议军夫匠役口粮米五千四百四十三石,已支过口粮米三千七百六十九石一斗,节省口粮米一千六百七十三石九斗。原议军夫匠役,盐菜并烧造砖、灰、炭、脚价及营房木植、物料共银二千九百五十三两七钱,已支用过银二千五百零二两三钱,节省盐、菜、物料银四百五十一两三钱。今将管工人员姓名勒此于后。

计开:

总理:

大同府清军同知原管北路事梅燮;

北路通判江腾龙;

钦差副总兵后军都督府都督佥事先任大同北东路参将、今升管宣大山西军门军事王志宝;

钦差副总兵后军都督府都督佥事官分守大同北东路地方右参将事韦子宣;

兼理督工经历史□□、□中高;

执掌工程钱粮守备官邓茂林、杨□□;

总理提调军夫匠役随事相度坐营中军官:柴应武;

督工点差各堡军夫北东路援兵营千总官:朱国胤;

管工把总官:沈维光、殷承□、周尚武、王承业、周文魁、张弘宇;

纪工写字一名:李尧春;

万历三十五年八月吉日立

扩建后的得胜堡十分雄伟,原来每边五个墩子,后由东西两边各向南扩出了一个墩距,并拆去南堡墙重新修建。堡内建有新军营房300间,参加营造的军夫工匠达1188人,都是从附近七个堡子抽调来的。落成后,得胜堡加强了军事装备,瓮城墙上置千斤铜炮一门,称"大将军"。堡墙上设的18个敌台各置500斤铜炮一门,称"二将军"。明代得胜堡驻兵2960人,马骡1190匹[1]。

其实,明王朝扩建得胜堡并不仅仅是为了马市的需要,正如第一章里所说的,明王朝从没有放松过对蒙古部落的警惕,他们用扩建后雄伟的得胜堡来警告蒙古部落:不要挑起

---

[1] 资料来自政协大同市新荣区委员会综合委员会《大同市新荣区文史资料·(第六辑)》。

事端!

进入清代以后，得胜堡的军事地位仍然非常重要，清·道光《大同县志·卷十四》记载：

得胜路自本朝顺治元年起，仍照前明旧制。所管边墙一道，东至新平路属接连镇宏堡把总所管三十六墩台起，西至助马路属接连拒门堡把总所管头墩址止，共沿长九十六里二分六厘，共边防二十九处，内：镇边堡把总所管十墩，十八墩，二十四墩，二十八墩。宏赐堡外委把总所管二墩，石燕庄，九砖楼，十四墩，十七墩，二十四墩。镇羌堡外委千总所管头墩，六墩，七墩，河口。得胜千总所管暗门口，四台，十八墩。拒墙堡把总所管二十三墩，二十五墩，头墩，三墩，七墩，九墩口，十七墩。共设步，守防兵七十三名。边墙以外，如丰川等营，虽仍隶得胜堡，而县境则以边墙为界。

职官典

得胜堡并所属各城、堡、营、汛俱驻扎大同县，所管地方自顺治元年并康熙三十五年分历年添设裁改：

原设：

参将官一名

中军守备一名

马兵四十一名

步兵九十八名

守兵四百六十六名

职官略

得胜路参将一员

中军守备一员

千总一员

外委千总一员

外委把总三员

额外外委二员

马兵一百六名

步兵四十三名

守兵八十三名

通过上述资料我们可以看出，得胜堡最初是用来防御蒙古军队南下骚扰的，周围都有重兵把守。到了明隆庆年间，随着明蒙关系的缓和，军事防御寨堡也就变成了明朝和蒙古互市的地方了，得胜堡作为重要军事寨堡的地位也就降低了，主要起辅助料理和监督马市的作用。

隆庆和议后，随着战争的结束，这些驻兵寨堡的性质也慢慢发生了改变。部分屯兵、屯田的军事寨堡遭到废弃而迅速衰落，而其他的大多数则为地方老百姓所用。原来驻守的部分将士也留恋于此，便在此世代居住下去，于是这些寨堡逐渐演变成普通聚落。得胜堡古堡群也是这样的，它同镇羌堡一样，没有废弃掉，而是实行军民共建，依靠得胜马市的地理优势，逐渐发展成了集军堡、商品集散地和农业为一体的新型聚落。

据杨勇[1]写的"清末民初新荣区商户兴衰例举"[2]，得胜堡马市的边境贸易一直延续到清朝末年，由此形成的晋商店铺不仅门面林立，而且经营范围广泛，在周边地区首屈一指。截至清末民初，全堡有油坊18家，当铺3家，缸坊1家，磨坊4家，粉坊2家，面铺、杂货铺若干家。尤其是大东街的益顺昌，从乾隆年间发迹，一直延续到1938年日本人入侵，其经营项目有油坊、缸坊、粉坊、磨坊、面铺、杂货铺，还兼营着槽牛贩卖生意，不但完全垄断了堡内守军、县佐衙门的粮油加工、商品供应等业务，而且还垄断着内蒙古集宁以南的大部分商贸。日军到了之后，在日货充斥和日军掠夺下，曾经辉煌的益顺昌便破产了。

从得胜堡建堡（1548年）到现在，一共经历了400多年的发展和变迁，逐步形成了今日的格局。得胜堡村落的发展，大致总结为下面几个阶段：

（1）明朝中期至清朝末年，为村落的形成时期。该村落是由当时在此驻军的一些将士最先居住形成的，经过数代之后，慢慢形成了如今"三大街、六小巷"的基本格局。

（2）清朝末年至新中国成立初期。这期间，村落在保持原有格局的情况下又得到一定发展。村中人口虽然有增长，但是在可控的范围内，没有发生迁出堡子的情况（图3-3）。

（3）新中国成立初期至1980年。村落人口逐渐增加，规模逐渐扩张，堡子内部空间已经不够提供村民居住所需的房屋了。于是，部分人开始向外迁出。整个过程以堡子为中

---

[1] 杨勇，男，1956年生，新荣区郭家窑乡人，他对大同市古堡文化研究较多，现任新荣区党史地方志办公室主任。
[2] 摘自《大同市新荣区文史资料·第六辑》晋商史料。

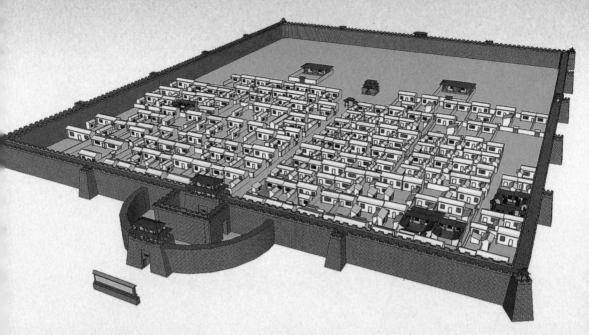

图3-3 得胜堡鸟瞰复原图（1949年）

心，向西面和南面的空地迁出[1]。

（4）1980年至今。改革开放后，村落人口激增，开始大量向堡子外面迁移，尤其是南面，从而形成了今天的格局（图3-4）。

二、得胜堡的空间格局

1.选址

得胜堡同得胜口和镇羌堡一样，原来是作为军事防御寨堡而修建的，它们依托明长城，共同构成了一个防御的整体。但它们的修建除了满足军事功能之外，也完全符合中国古村落的选址要求。中国古村选址最讲究"背山面水"和"负阴朝阳"。得胜堡和它附近的古堡群东面紧靠饮马河，北面和东面又分别被八棱碑山和东山环绕，非常符合"背山面

---

1 得胜堡古村的北面是起伏的丘陵，东面不远是饮马河，地段狭小，都不适合大量建房子。西面是耕地，南面是大片的林地，都可以建房子。听村中人说，在20世纪60~70年代，当时政策不允许占用耕地面积，所以堡子内的居民最先迁到南面的林里区域，所以现在新村主要集中在堡子南面。而到了80年代后，政府政策放宽了，也有部分居民迁到了西面的耕地，这就造成了得胜堡村现在的格局。

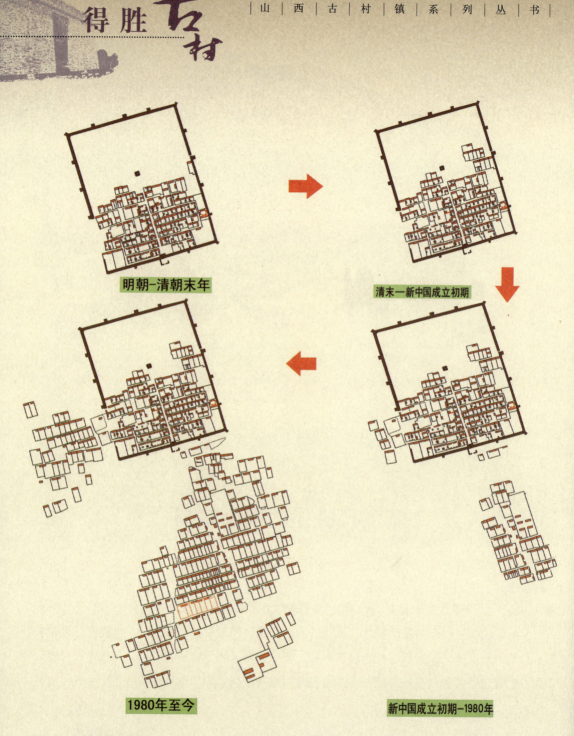

图3-4 得胜堡村落变迁图

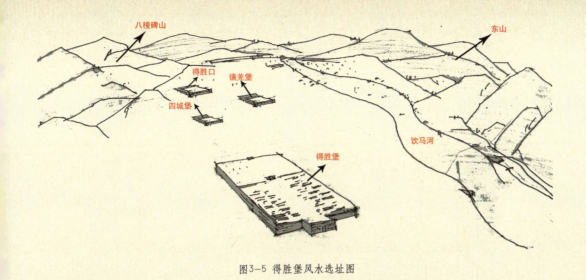

图3-5 得胜堡风水选址图

水"的选址布局。由于它位于八棱碑山的南坡,在风水上南坡的阳光充足,空气、土壤和植被都较好,也是山区选址的绝好地方(图3-5)。

因为得胜堡整个北面和东面都被群山环绕,所以在冬季能够避免北部寒流的侵袭,而南面又是开敞的,夏季时湿润的南风徐徐吹来,空气不至于沉闷。东面又有饮马河在旁边流过,缓缓流淌的河水给附近带来大量生气。所以得胜堡山环水抱的地理位置,也就使得它成为了藏风聚气的好地方。这点从饮马河的名字就可以看出。每年夏秋季节,河两岸丛草茂密,野花弥漫,正是将士们放马、饮马的绝佳场地,非常适合人畜在此生存居住。

2.空间格局

得胜堡堡城平面近似方形,南北长550米,东西长440米,周长共计1980米。城墙高12米,厚10米,堡子总占地面积约24200平方米。堡内区域使用功能划分明确,北部约1/3区域面积为军事和管理区,中南部2/3区域面积为村民的居住区,堡墙南部正中央开有堡门。堡子内部现有的用地布局是堡子初建时候就已经划分好的(图3-6)。据当地老人们说,这样划分是有一定说法的,玉皇阁北面原来是军事禁区,所以不能在那里建房子。再到后

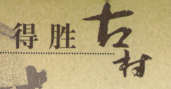

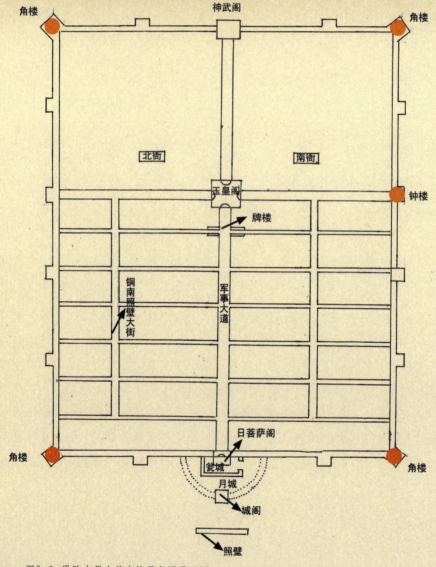

图3-6 得胜古堡内基本格局复原平面图
（根据当地老人叙述自绘）

来，也很少有人在那里居住，因为那里以前有县衙、练兵场和火药库，阴气比较重，居住会犯凶煞。所以玉皇阁北面现在是大片的农田。玉皇阁的南面是堡内居民区（图3-7、图3-8）。

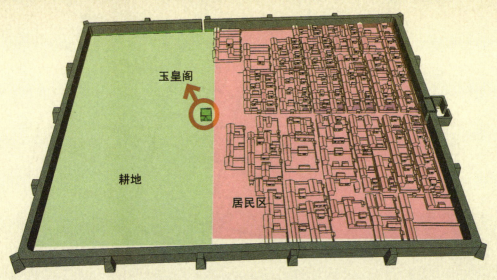

图3-7 得胜古堡内部用地基本布局图

图3-8 得胜堡内玉皇阁北面大片的农田

3. 街巷空间

得胜堡由于是传统军事寨堡，所以它内部街道的基本格局都同城墙的走向保持一致，要么是东西向，要么是南北路，道路笔直，没有弯路。堡子内的道路大概可归为"三大街、六小巷"（图3-9）[1]，"三大街"为南北走向，"六小巷"则与"三大街"交叉，为东西走向。这样的道路格局简洁鲜明，四通八达，非常方便。由于风水考虑和防御要求，小巷与主大街鲜有十字正交，都是稍微错开一些。按其宽度和等级，这些街道可以分为主要街道、次要街道和小巷三个等级（图3-10）。堡子内的主要道路除了南北古大街外，其余的都有一定程度的破坏（图3-11）。

图 3-9 得胜堡街巷空间肌理

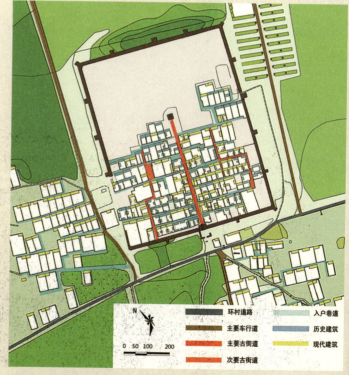

图 3-10 得胜堡内道路等级图

---

[1] 但是现在除了主大街外，其余两南北次大街都被破坏得较为严重，要么缺失一部分，要么被改道。六小巷虽有些破坏，但是基本还保持着原来的格局。

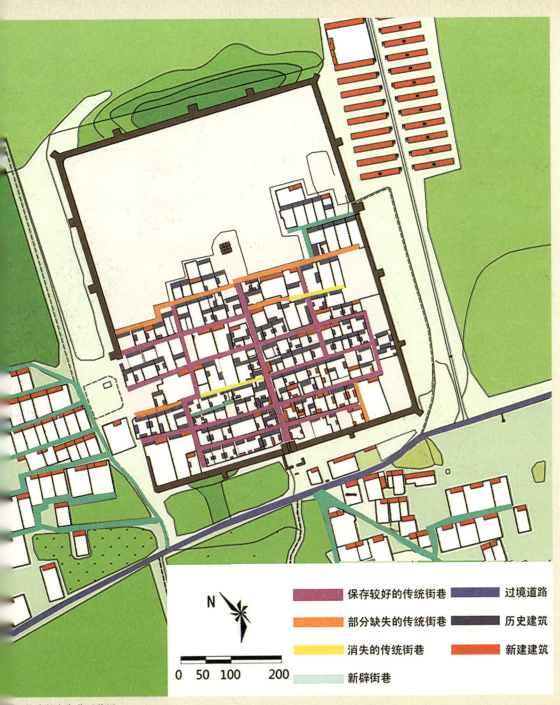

得胜堡内街巷面貌图

山｜西｜古｜村｜镇｜系｜列｜丛｜书

图3-12 得胜堡南北古大街鸟瞰图

　　主要街道是由南门引入的南北古大街（又叫军事大道），一直通到位于堡子内的玉皇阁（图3-12、图3-13、图3-14），宽约10米，是堡子内部的主要交通要道[1]。据对大同古堡颇有研究的杨勇介绍，明代时期堡子内的主大街两旁是有平行的两道墙封闭的，一直延续到玉皇阁，与六条小巷的交汇处设有大门，进出很严格，这也是军事寨堡防御功能的需要。这些墙在清朝以后就逐渐被拆掉了，慢慢发展成我们现在看到的样子。

---

[1] 听村里老人们说，这条大街道在刚解放时还是比较整齐完好的，大街的地面上以前是砖石铺的，非常古朴，与现在玉皇阁下面的铺砖是一样的。但是新中国成立后，随着乱建房屋现象的出现，铺地用的砖被掀开拿走，完整的古大街遭到了严重的破坏，而且许多房屋要么建的时候越出大街，要么退进去，破坏了古大街风貌。

图3-13 得胜堡玉皇阁内的铺地砖

图3-14 得胜堡南北古大街街景（王晓冰绘）

|山|西|古|村|镇|系|列|丛|书|

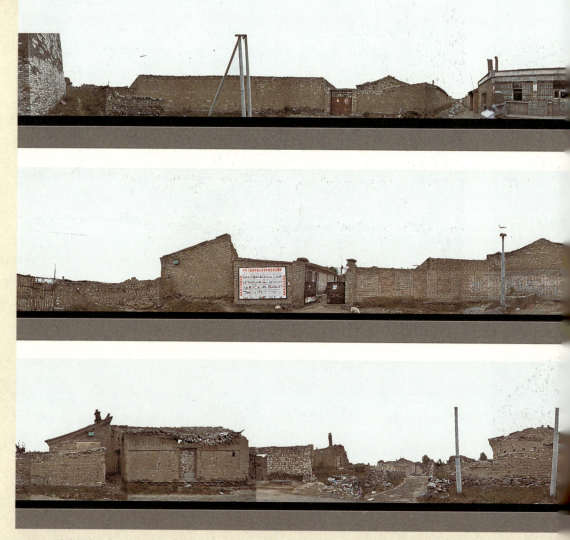

图3-15 得胜堡南北古大街西立面现状图

　　听村中老人们介绍，民国时期，古大街两侧非常繁荣，原来有很多商铺。后来日本人进来后就都被破坏了。现在大街两侧的房子都为一层，大都是20世纪六七十年代的土坯房或者80年代后的新建建筑，与古村中原来的风貌有较大差别（图3-15、图3-16）。

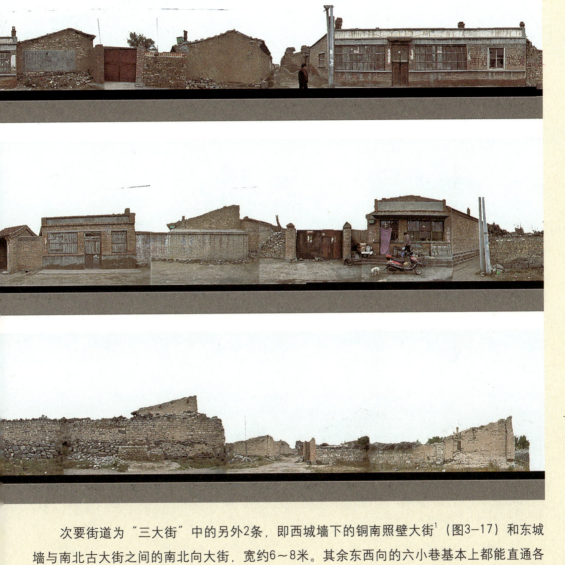

次要街道为"三大街"中的另外2条，即西城墙下的铜南照壁大街[1]（图3-17）和东城墙与南北古大街之间的南北向大街，宽约6～8米。其余东西向的六小巷基本上都能直通各

---

[1] 铜南照壁大街位于堡子内西侧城墙旁边，存在年代也较久，以前是三大街中的一条，它们见证了得胜堡村发展变迁的整个过程。但是到了近代后，无组织的乱建房屋最终导致了这条大街的严重破坏，现在它已经不完整，原来笔直的路也变得曲折，许多新建的房屋阻挡了原来畅通的道路。

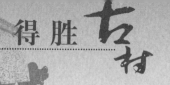

山|西|古|村|镇|系|列|丛|书

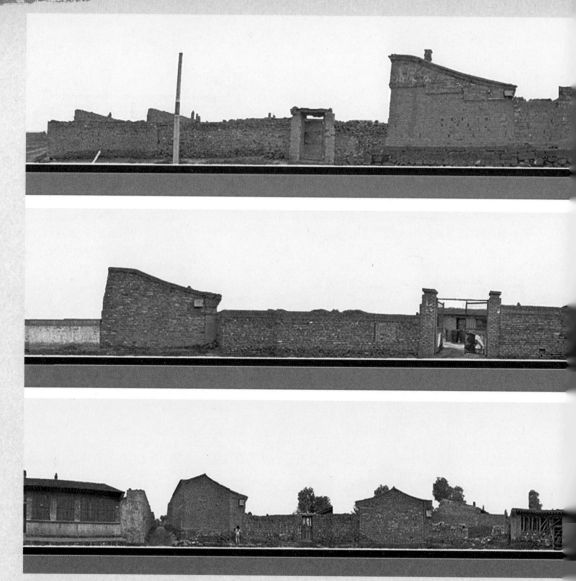

图3-16 得胜堡南北古大街东立面现状图

第三章 得胜堡

55

家各户，宽度为3～4米，没有准确的巷道名，都横向连接三条大街（图3-18、图3-19）。村中有名的历史院落如许家院和孙家院都是位于小巷的两边。由于主大街、次大街和小巷宽度不同，所以形成的街巷空间也都有所不同。总的来说，主大街给人的感觉更公共开放些，而小巷则偏私密紧凑些（图3-20）。

图3-17 得胜堡铜南照壁大街一段

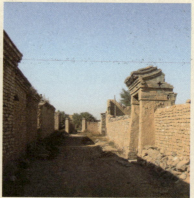
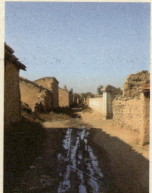

图3-18 得胜堡内一些不知名的街巷

图3-19 得胜堡内复原后的某一小巷

街道级别	街道名称	街道宽	宽高比	剖面示意图
主大街	南北古大街	10米	1.2～1.6	
次大街	铜南照壁大街	6米	0.8～1.0	
小巷	某小巷	3～4米	0.5～0.7	

图3-20 得胜堡内典型街道空间分析

得胜堡中街道空间节点大致分为一般节点和尽端节点（图3-21）。这些节点是古村落中最富情趣的地方，特别是沿中心轴线南北古大街的几个交汇点。这些交汇点形状不一，有十字形、丁字形和L形等几种形式（图3-22）。街巷节点往往会形成公共交流空间。我们发现许多村民经常在这些空间停留，或休息，或三五成群交谈，有双手插在袖筒里打盹晒太阳的，也有两个人下象棋的。另外，我们也发现很多宅院入口处有时会凹进去一部分，成为相邻几户交流和休闲的空间（图3-23）。

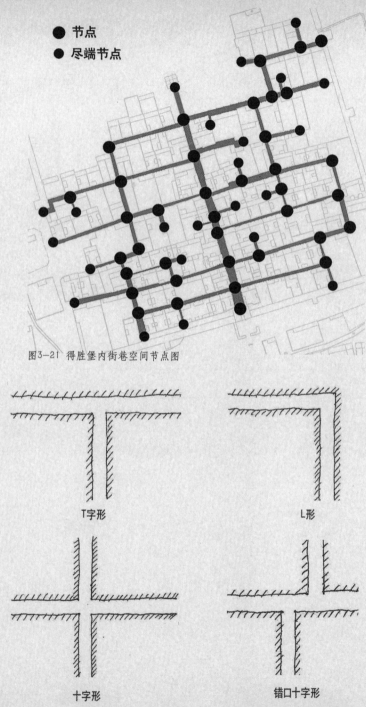

图3-21 得胜堡内街巷空间节点图

图3-22 得胜堡内几种街巷交汇点的类型

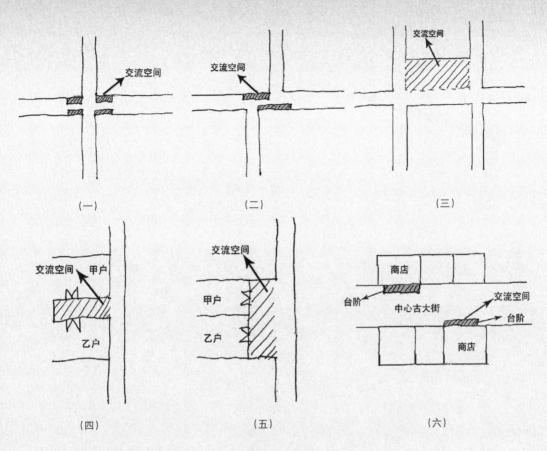

图3-23 得胜堡内不同街巷类型所形成的公共交流空间

三、居住建筑概述

得胜堡南北向三条大街,东西向六条巷子,横平竖直,垂直交错,将民居整齐地划分为几个区域。得胜堡堡内现存民居中,少部分为原明清时期屯兵营宅,大部分是民国至新中国成立初期这段时间内建造的民居。这些民居多每家每户独自成院,一进院居多,格局简单(图3-24、图3-25、图3-26)。

1.院落格局

晋北地区地广人稀,建筑密度较之晋中南要小很多。得胜堡也不例外,其民宅院落为

得胜古村

山|西|古|村|镇|系|列|丛|书

城墙
练兵场
炮台
玉皇阁
许家院
高家院
孙家院
南城阁
瓮城

图3-24 得胜堡现存重要建筑分布图

图3-25 从得胜堡南门上俯视村子

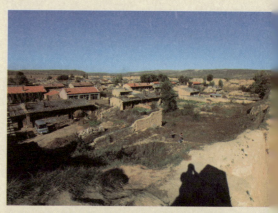

图3-26 得胜堡南城墙附近的民居

晋北典型的阔院式，院子很大，房屋较低，开窗较大，屋檐很短，有利于广纳阳光，提高居住舒适度（图3-27）。

大多数院落并排而建，坐北朝南，这样利于接受日照，阻挡北风，即使紧靠堡墙或者由北侧入户的院落，也会因地制宜调整格局，依然采用坐北朝南的格局（图3-28）。院门则开在南北皆可，取决于入户巷子在院落的哪侧，但紧邻东西城墙和主要大街的院落则一般将门开在东西侧，即厢房旁边。得胜堡民居特殊的一点是院门并不垂直于街巷，而是稍稍倾斜，与街巷成一定的角度，约为10°~15°，这主要出于风水的考虑：大门不正对街道可以阻挡宅气的泄露，保佑户主的运气（图3-29、图3-30）。

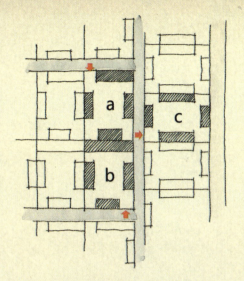

a.北向开门院落　b.南向开门院落
c.侧向开门院落

图3-28 得胜堡三种最常见院落平面示意

图3-27 得胜堡内宽阔的民宅院落

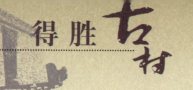

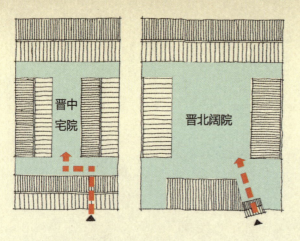

图3-29 晋中与晋北院落空间与入口关系比较

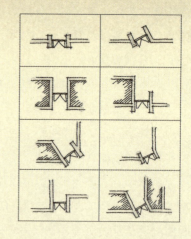

图3-30 得胜堡常见入口形式示意图

得胜堡的宅院多以合院形式建造，其中三合院居多（图3-31），四合院略少（图3-32）。[1]因得胜堡民宅家族关系简单，建筑规模不大，所以庭院多比较开阔。院子的长宽比多在3∶2左右。得胜堡是军事堡寨，自产粮食是很重要的生存凭借，故大多数院子中都会种植农作物，甚至有的单独设一个院子用于种植，作物以土豆、韭菜和果树居多。院内地面

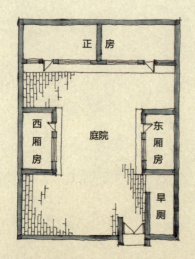

图3-31 得胜堡典型三合院

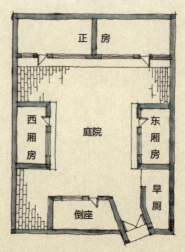

图3-32 得胜堡四合院平面图

---

[1] 得胜堡半数多的建筑屋顶重新铺设过，窗子更换过，室内进行过吊顶，但是土炕大多保留了下来。多数院落有一口压水井，通电，但是不通暖，冬天取暖全部依靠煤炭烧的火炉子，室内温度也算舒适。

图3-33 得胜堡典型院落实景

铺砖很少,半数院子就是直接的黄土地面。院内通常设一露天旱厕,多位于院子的西南角。

院落正房坐北朝南,其开间通常会占满整个院子的面宽,即正房山墙与院墙合为一体,甚至少数相邻院落的正房会共用山墙,这样可以节省砖材。正房占满院落,使得厢房与之产生部分遮挡,但晋北院落尺度较大,正房正立面比较扁长,厢房的进深与之相比则小得多,所以局部的遮挡对正房采光的影响并不大。正房通常面宽五间,或两座三开间房并立,砖木结构,多为两出水屋顶,也有少部分为一出水。厢房则多为三开间,砖木或土木结构,一出水屋顶。这样的院落具有很强的内向性和凝聚力,符合中国人"肥水不流外人田"的传统思想(图3-33)。

正房多配有装饰性木构和窗格装饰。厢房则大多比较简朴，除了装饰瓦当外，通常不会再多加装饰。由于建造年代比较久远，很多院落的厢房已经坍塌。[1]如果院子是四合院，则还有一间倒座，面宽较其他房屋要小得多，只有正房的一半左右，不作居住使用，一般放些杂物或安置牲畜。

2. 结构与营建

军堡建筑防御性重于装饰性，所以得胜堡建筑多朴素实用。民居多采用砖木结构（图3-34），砖砌墙体，青瓦盖顶，抬梁式结构（图3-35、图3-36）。抬梁式结构可以较大限度地增大室内空间，使其宽敞。民居高度多在4~5米，两出水房屋略矮于一出水房屋。

得胜堡常见的坡顶形式有三种：对称双坡顶、阴阳双坡顶和单坡顶。其中以阴阳双坡顶和单坡顶更多。年代久远的多用双坡硬山或者卷棚屋顶，而之后，大概是由于建造材

图3-34 得胜堡典型砖木结构建筑

---

[1] 厢房现多已被自建棚屋替代。这种棚屋被当地人称作简易土木结构，省材省事，多用于存储杂物或者驯养宠物。

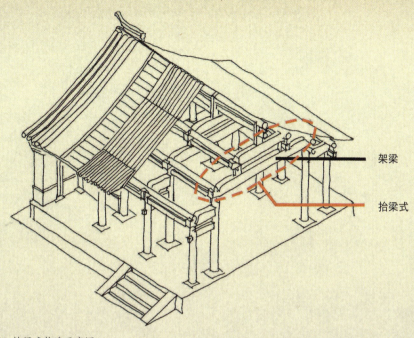

图3-35 抬梁式构造示意图

架梁

抬梁式

图3-36 得胜堡民居屋顶结构做法

图3-37 得胜堡晾晒农作物的屋顶

料短缺的缘故，则更多的使用单坡样式或者有的房屋直接建造成平顶。无论是哪种屋顶形式，都因北方雨水较少，所以坡度都不大，收获季节也可用作晾晒粮食之用（图3-37）。坡屋顶亦可以有效地调节室内气温，因为坡顶顶棚空间可形成一个独立的空气隔离层，夏天减少太阳辐射带来的热量，冬天则用以抵御寒冷的空气，防止冷风渗入。南北向建造的房子，若采用阴阳坡顶或单坡顶，在冬日里被阳光直射的面积更大，可接受的太阳热辐射更多，保暖效果会更好；而对称双坡屋顶，在冬天极度寒冷的时候，背阳面的屋顶一般会结冰不化，寒气会通过屋顶一直渗入室内。

少部分次要建筑则采用土坯结构（图3-38），多见于支路小院落的厢房和倒座。土坯结构的承重结构与砖木结构基本相同，但是维护结构大量使用土坯等生土材料，虽然对风霜雨雪的抵抗力不如砖好，但是生土成本低，热惰性良好，有着冬暖夏凉的效果。

得胜堡雨水较少，所以房屋的平面设计都是很简单的长方形，并不设前廊门廊，建筑台基也很矮，只有一级台阶。正房开间往往很长，加之院落宽敞，所以看起来矮长宽阔，

图3-38 得胜堡典型土木结构建筑

立面较为简单，砖墙木门木窗，窗子采用传统窗格装饰，部分等级较高的建筑有雀替等装饰性构造。

砌墙材料就是黏土烧结砖，即我们通常所称呼的土砖，泛着生土的色泽。通常横砌与斜砌相结合，装饰较少，质朴大方。土砖的尺寸也并不统一，而是规格各异，有的墙面砌法随意，有的则精致讲究（图3-39、图3-40）。适应晋北气候特征，为了尽可能使保暖效果达到最好，墙体多砌造得很厚实。墙脚基多采用质量较好的青色停泥砖，上面多由土砖堆砌，泥

图3-39 得胜堡建筑不同的砖砌方法（一）

图3-40 得胜堡建筑不同的砖砌方法（二）

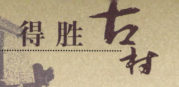

土勾缝与饰面（图3-41）。

3.门楼

在我国，门楼是民居地位形制的象征，是整个宅院的门面，要与屋主地位、宅院建筑相匹配，故一般门楼都颇为讲究。得胜堡民居中的门楼变化较少，不同年代建造的门楼样式都很类似，历史延续性很强。大部分宅院以平入屋宇式门楼为主，墙垣式门楼为辅。所谓屋宇式门楼，就是将门楼建造得像一座房屋一样，有山墙，有屋顶，并且门洞

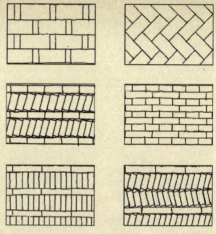

图3-41 得胜堡常见土砖砌法

要有一定的深度，样式大气，是等级比较高的民居门楼。屋宇式门楼多与厢房或者倒座共用山墙，连为一体，且上面多有墀头装饰，以简单的花纹雕饰为主。屋顶构造与抬梁式做法相似，但是更为简单，通常为双坡硬山屋顶，也有少量卷棚式的。门洞较小，净宽通常1米多。门扇多为两扇，一扇比较少见。墙垣式门楼，则是直接在墙上开门，独立存在，不与房屋相连，尺度通常会小于屋宇式，门洞也很浅。墙垣式门楼比屋宇式门楼的等级要低。

依照建造材料，又可将门楼分为砖雕式和砖木式，其中以后者居多。砖雕式即整座门楼没有抬梁结构的木构顶，没有椽子承重，而是将砖石直接搭砌在木梁或者石梁上，顶上铺设瓦；砖木式则是将砖石门洞与木构屋顶相结合而建造，由木梁椽子承受屋顶的重量。

堡子内最典型的砖木楼宇式大门示意图如图3-42，屋宇高顶，阔院宽门，通常还配有抱鼓石，这种样式的门楼在堡内随处可见。而墙垣式门楼（图3-43）则常见于没有倒座的小院，数量较少。村里建造最精美的砖木式门楼就是村西侧第四条巷子中段一家宅院大门（图3-44）。这座院门的屋顶与村内最常见的楼宇式门楼略有不同，门洞很浅，屋顶更高，两侧从门柱外出挑一小部分，更类似于牌楼式门楼，独立连接于院墙之间，与建筑并无联系。门梁上有砖雕的雀替和垂花装饰，屋脊上也有雕刻花纹的装饰砖，图案采用的是典型植物纹，花朵与枝条柔美而精致，寓意单纯而美好。

堡子里还有为数不多的砖雕式门楼（图3-45），这种门楼由于没有木构的屋顶结构，只是将木梁搭在砖石的门柱上，上面再砌砖。砖木式门楼椽子的部位用条形砖代替搭建，屋顶的坡度也是由砖砌出来的，所以它的承重比较集中，门洞进深很浅，通常不到1米。屋

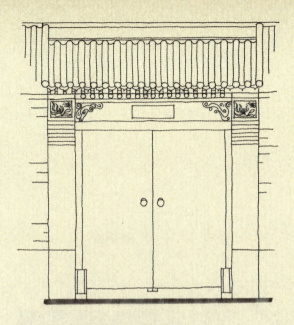

图3-42 得胜堡典型屋宇式门楼示意图

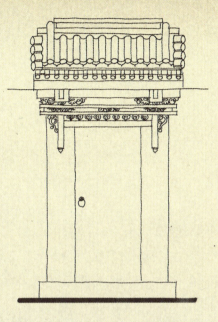

图3-43 得胜堡典型墙垣式门楼示意图

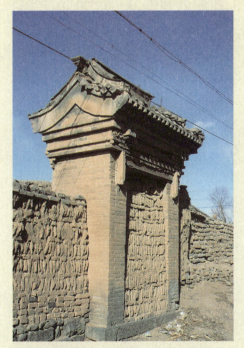

图3-44 得胜堡砖木式门楼

图3-45 得胜堡砖雕式门楼

顶之下的砖石上雕有装饰性花纹或者有祝福含义的汉字，雕饰精致，寓意福美。

门墩，又称门座、门台、门枕石，是用于大门底部，起到支撑门框、门槛、门轴作用的一个石质构件。门枕石门内部分的作用是承托大门，固定门框防止门柱不稳，门外部分则主要是作为装饰性构件，表面通常会雕以鸟兽花饰等吉祥图案，有的还将一整块门墩石雕饰成动物形状。门墩可以依据形状粗略地分为方、圆和石兽三种类型。圆形即我们最常见的抱鼓石，下面是方形的底座，上面承托着竖立的石鼓，鼓面和鼓侧均雕刻着花纹装饰，形似战鼓；方形门墩是底座上为一立方体石雕，四面均可雕饰；而石兽门墩则比较高贵，民间少有，多用于庙宇和皇家建筑。

得胜堡的门墩与传统晋北宅门门墩并无差别，选材硬朗，雕刻工艺细腻，虽然样式并不精致繁复，也没有过多的雕饰装饰，但是雕刻物于简单大气之中为边塞将士们带来了家的温馨。门墩是反映屋主身份的象征之一，得胜堡宅院多为官兵所住，所以门墩多为抱鼓石形（图3-46、图3-47），代表着官宦士兵阶层。上面的雕刻以花草类的吉祥图案为主，

图3-46 得胜堡堆在路边的废弃门枕石

莲花梅花居多，意为激励边关的将士们多一份梅花的傲骨与坚强，更好地镇守国土，保卫国家。少数民居的门墩是方箱形，上面雕刻着植物性花纹，也是饱含祝福寓意；还有极少数的门墩为卧狮形象（图3-48），有辟邪招财之意。

4.装饰

得胜堡的装饰主要体现在窗户装饰、屋顶装饰和雕刻装饰三个方面：

窗户是民居的重要构件，它担负着采光、通气和装饰的作用。得胜堡民宅的窗户形式比较统一，全部为矩形窗洞，木质窗格，窗子上多为木制窗梁（图3-49）。得胜堡的窗格图案全部为几何花纹，其中以菱形格（图3-50）、棋盘格（图3-51）和花团格（图3-52）居多。菱形格和棋盘格均为直线形窗格，它们重复性很强，花纹多为向心性构成方式，显得规整有力，与军堡的基调十分契合；使用花团形窗格的窗子通常分为上下两部分，下半部分没有过多装饰，是可以打开的活窗，而上半部分是单纯用于装饰不可打开的死窗，水

图3-47 得胜堡村最常见的抱鼓石样式

图3-48 得胜堡内少见的卧狮门墩

山|西|古|村|镇|系|列|丛|书

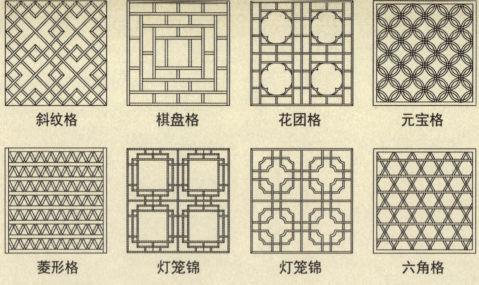

图3-49 得胜堡常见窗格类型

图3-50 得胜堡常见窗格——菱形图案

图3-51 得胜堡常见窗格——棋盘图案

图3-52 得胜堡常见窗格——花团图案

平排列着花团式的窗格,并且中心多贴有窗花装饰(图3-53),饱含村民对生活的美好憧憬。其余的窗格还有灯笼锦和元宝格等,这些都表达着人们期望生活更美满富足的愿望。

得胜堡民居的屋顶装饰和晋中民居相比,比较简单,但也颇具特色。由于地处山西北部边关,与内蒙古接壤,气候偏干燥,雨水并不多,所以普通民居的屋顶坡度相比晋中晋南都偏小,挑檐也不大,屋顶整体比较

图3-53 得胜堡民居窗花

缓和，并不高耸。屋顶多为硬山或卷棚样式，一出水与两出水均有，正脊、垂脊、筒瓦勾头、檐头滴水均有雕刻装饰（图3-54、图3-55）。

得胜堡的雕刻符合军堡的风格，简洁庄严，且多集中在城阁和庙宇上。民宅雕刻则简单明了，以吉祥图案石雕装饰为主，多应用于门楼、门墩、地窖与屋脊，花纹清丽。清

图3-54 得胜堡常见屋脊装饰砖

图3-55 得胜堡常见筒瓦勾头，檐头滴水装饰

图3-56 得胜堡内一处拴马柱上的石猴雕刻

图3-57 得胜堡花纹台基

末民国时期建造的民宅则装饰得更为程式化一些，样式相似的窗格，统一规格的屋脊装饰砖，不及明清雕刻精巧。现在很多雕刻零星分布于每个院落中，如石猴雕刻（图3-56）、花纹台基（图3-57）等。

四、典型民居分析

1. 许家院

许家大院位于堡内中部偏西南（图3-58），建于明代[1]，但具体年代不可考，应为堡内现存年代最久远的院落，也是堡子内典型的四合院（图3-59）。相传许家院曾是明朝中期一名驻边参将的府邸，离任之后他将这个宅院赠予了跟随他多年的一个姓许的伙计，由这个伙计的后人世代居住而一直留传至今，现任户主已经无法辨别是其第几代后人了。院子坐北朝南，大门前是一条东西向贯通的巷道，向东与堡内的南北古大街垂直相交，向西则直通堡外。

---

1 根据现屋主口述，许家院房屋建于明代，代代相传至今，已有几百年的历史。

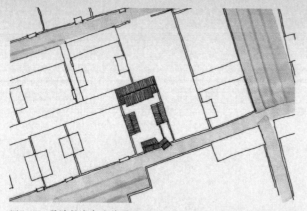

图3-58 得胜堡许家院总平面

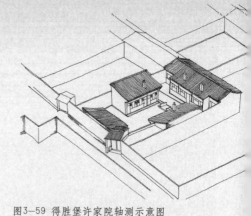

图3-59 得胜堡许家院轴测示意图

整个院子南北长约25米，东西长约16米，占地面积约400平方米，现存建筑面积约140平方米，原有建筑约180平方米，由一正房、两厢房、一倒座围合成一进院落。院内正房保存得较为完好，东厢房有较严重的损毁，西厢房与倒座早已坍塌多年，不复存在（图3-60、图3-61）。院门位于院落东南角，与宅前巷子成约南偏东12°，但是许家大院的门楼并不是明代保留下来的，而是后来依照原样式重新建造的。[1] 据屋主口述，原来的门是有云纹雀替、垂花雕饰的，精美秀气。

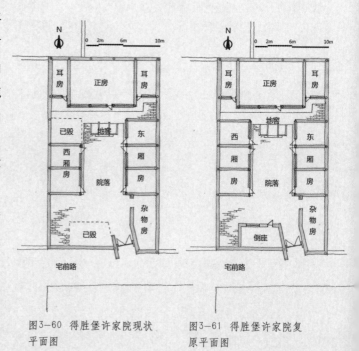

图3-60 得胜堡许家院现状平面图

图3-61 得胜堡许家院复原平面图

---

1 后修建的门楼长3米左右，宽2米左右，高将近3米，是堡子里尺度比较大的门楼之一。山墙脚处的墙基石，是从古城墙的包砖拆卸过来的，上面是用砖砌的。山墙间是木质门框，内嵌两扇木门扇，门梁上的两层椽子保存完好，屋顶是双坡筒瓦样式，屋脊已经破坏消失，瓦当还保存下来一部分。

正房三开间共8.5米，进深6米，东西耳房各一开间，耳房进深比正房小1米，东耳房比西耳房开间略大。这种中间由三开间正房加两侧各一小开间耳房组成的"凸字形"平面样式被称为"纱帽翅"房。许家院院落较小，"纱帽翅"的建筑形式有效地增加了两侧耳房的采光，使耳房空间独立、环境安静，并在耳房与厢房之间形成了类似于小天井的空间，幽静闲适（图3-62、图3-63）。立面已经翻修为水泥墙面，除了右侧一开间原有木窗还在，其余都换成了铝合金门窗。雀替为祥云样式和花卉样式，抬梁雕刻回纹，依稀可见屋主当年的富贵。正房屋顶保存得较为完好，双坡筒瓦硬山形式，狮子纹饰瓦当，花果纹饰滴水，屋面瓦大部分保存良好，屋脊有破损，屋架结构尚完好。

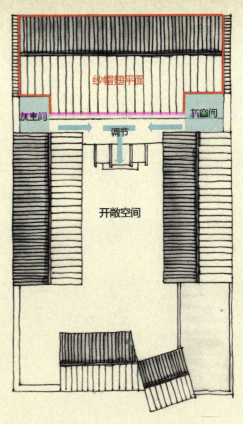

图3-62 得胜堡许家院小天井空间示意图

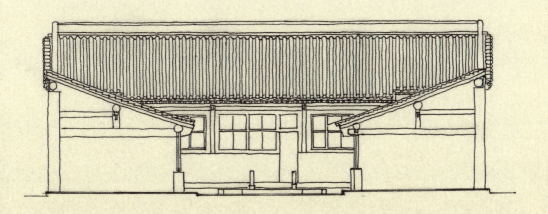

图3-63 得胜堡许家院院落剖面

图3-64 得胜堡许家院实景

东厢房与正房建筑屋顶样式有区别，是单坡筒瓦硬山样式，现只有一间用于小辈居住，其余放置杂物使用。原西厢房的位置现用砖瓦搭建了置物棚子，用于堆放杂物和养狗。院落的西南角落设置了一旱厕，与棚屋的搭建方式一致。因为现存的建筑保存尚好，历史气息厚重，所以整个院子都呈现出良好的建筑风貌（图3-64）。

院内正房前有两口地窖（图3-65）。屋主说地窖是由他几十年前亲自挖建，但地窖旁的栏杆和栏板是许家院刚建的时候就有的。石栏杆上有非常精美的雕饰，栏杆东西侧为地窖入口，东面常年入口封住，西面入口至今一直使用。据户主口述，两口地窖均为矩形，一共约有3平方米，空间不大，顶部为拱形，且设有两个通风口（图3-66）与地面相连。该地窖之所以全村闻名，正是因为入口处的两个雕饰精致的石栏杆。这两个栏杆尺寸并不大，长约1.5米，高约0.4米，厚约0.12米，下半部分为栏板，上半部分为腰枋。栏板上各有两幅雕刻（图3-67、图3-68），图案均为植物树，一幅为花树，树上有一只小鸟，一幅为果树。花果树属于我国传统装饰纹中的植物纹，写实性很强，图案鲜明而有生命力，代表的意义也很明

图3-65 得胜堡许家院地窖

图3-66 得胜堡许家院地窖通风口

显，即希望田地里农作花果丰盛、生活富足美满。上半部分的木枋雕饰就是普通的云纹（图3-69），是中国建筑装饰中最常见的纹理，简单大气。

图3-67 得胜堡许家院栏板外侧雕刻

图3-68 得胜堡许家院栏板内侧雕刻

图3-69 得胜堡许家院栏板装饰腰枋云纹

2. 高家院

高家院位于堡子东城墙脚下（图3-70），处于东部偏南的位置，由于高家最后一代传人已于几年前过世，如今整座院子已经荒废，杂草丛生。得胜堡最初建成时，堡内有众多大小庙宇，高家院即是其中之一，名为大神庙，用于供奉牛头马面神。后来得胜堡军事功能减弱，已不再用于屯兵，很多建筑变为民产。明末清初时，高家购置了这座小庙，世代居住传承，直至最后一代传人死去后，宅院彻底被废弃。

因前身是庙，所以高家院是堡子内现存民居中规格比较高的院子。前后两进院（图3-71、图3-72），共5间房，与其他民居相比，该院建筑屋顶较高，挑檐较大，很有气势。两进院子以南北向相连，南北

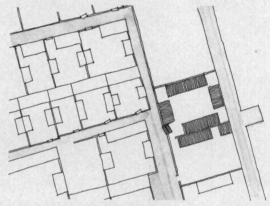

图3-70 得胜堡高家院屋顶平面图

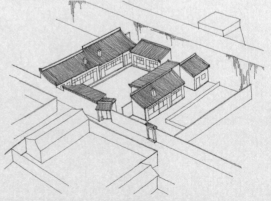

图3-71 得胜堡高家院轴测示意图

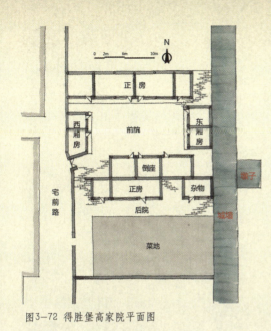

图3-72 得胜堡高家院平面图

42米，东西29米，占地约1200平方米。

前院（即北院）是典型的四合院（图3-73），用于居住，大门开设在西墙偏南，与道路呈约西偏南15°角；南院（即后院）只有　间正房，院内空地均用于种植农作物。[1] 北院22米×29米见方，门口留有雕花抱鼓石（图3-74）。院内所有建筑都是单坡筒瓦硬山屋顶，北、东、西三侧屋顶高度一致。北侧有正房两间，原是供奉庙神之地，后为院落堂屋，屋顶基本保存完好，瓦当和砖花的雕饰尚可分辨，但是木架结构已经倾斜，只有通过在墙外垒砖来加固支撑屋顶，门窗还是木制旧窗。东西厢房与正房形制类似。整个院子格局尚在。南院20米×29米见方，略小于北院，正房原本用于榨油与储物。

图3-73 杂草丛生的高家院北院

---

[1] 南院（即后院）现已经在南墙另开大门，为另一家居住使用。

图3-74 得胜堡高家院大门前的抱鼓石

3. 孙家院

孙家院位于堡子东南，在从南数第一条巷子的北侧，由坐北朝南的东西两跨院子组成（图3-75）。具体建造年代不详，据户主口述，该院子已有200多年的历史。院子建造之初，东侧院子为前院，西侧为后院，东院有车马入口，但是经过变迁，现已只有西院一处入口（图3-76）。[1]孙家院的院落格局与堡内典型院落不同，它的两进院子并非南北相连，而是东西紧邻，大门开设位置倒是与其他院落无差异（图3-77）。

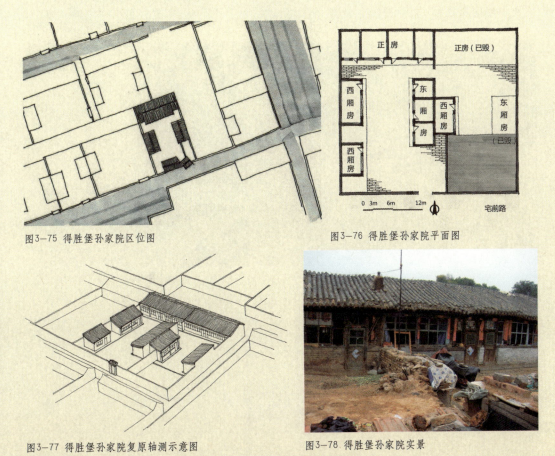

图3-75 得胜堡孙家院区位图

图3-76 得胜堡孙家院平面图

图3-77 得胜堡孙家院复原轴测示意图

图3-78 得胜堡孙家院实景

---

[1] 孙家因家族不合曾进行过分家，原有格局有所改动。现状为两个院子被分开了，西侧后院单独设立院门，但是原有连接东西院子的门并未堵上，所以形成了两个独立但是又相连的院落。后来东院门前空地经常堆放杂物，进出不便，而将门堵死，再不做使用。

东院正房已毁，只隐约可见从前的土夯地基。东西两侧留有自建棚屋，现作为堆放杂物使用。原大门现今被干柴围住，而门前的空间全部用于种植农作物，故西院如今才是孙家生活居住之地（图3-78）。北房面宽很大，且屋顶高度较低，整个建筑显得扁长，屋顶为双坡筒瓦硬山样式，屋内木架结构部分下陷。屋顶被做成前坡长、后坡短的"鹌鹑檐"，也称阴阳坡（图3-79、图3-80），这样的做法可以增加院落围合的内向性。屋顶配件、瓦当、墀头与部分窗格均保存完好，建筑风貌尚可。东西厢房均面宽三间，其中明间大，次间小。东西厢房的大小与位置并不对称。厢房屋顶早已损坏，现为土坯补建，作储藏及驯养动物之用。院落南侧有碾坊一座。后建的大门开于碾坊旁边、西院南墙靠北处。

图3-79 得胜堡阴阳坡屋顶

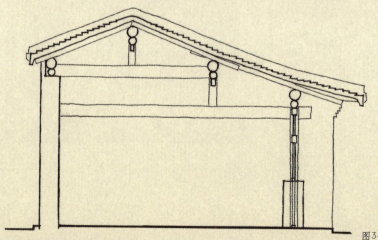

图3-80 得胜堡阴阳坡剖面示意图

五、防御性建筑

得胜堡作为军堡，防御性建筑在整个防御系统中占有很重要的地位。[1]堡内沿古大街南北轴线上原共建阁四座，由北向南依次为神武阁、玉皇阁、日菩萨阁、城阁，堡子内建有大小庙宇七十二座，并且在玉皇阁东西两侧设有南北两座衙门，南衙门是最高行政长官，北衙门则是参将府。[2]如今堡内道路格局依旧，可是四阁只有玉皇阁和日菩萨阁还留有遗迹，而大小庙宇要么改建成为民宅，要么不知所踪，两座衙门也只剩下了地基的轮廓。留存至今的全部防御型建筑仅剩下城墙、城门和玉皇阁基座，以及堡外东南侧有三座土墩台基遗址。

1. 城墙

当地的一些老人喜欢将堡子和长城亲切地通称为"边墙"，这既是对得胜堡这种边关城堡形象的称呼，也间接显示出堡子最显眼的组成部分就是这高大的城墙。

《大同市新荣区文史资料·第六辑》记载："得胜堡始建于嘉靖二十七年，初为土筑，万历二年砖包，城周三里四分，高三丈八尺。后于万历三十二年扩建，城堡南向增加一墩距离，后周长共四里三分630丈，高三丈六尺，墙体厚二丈多，为黄土夯实，外部全部用砖石砌，上边筑有敌台、如墙、垛口、箭孔等军事设施。堡开南门，门外为瓮城，开东门，出堡门为日城，开南门，月城上建有南城阁，阁南十余丈建有长十丈、高一丈五尺的照壁一座。堡墙上共设敌台十八个，每台置五百斤铜炮一门，各墙之间每个垛口各置二百斤重的'牛腿'铁炮一门，堡墙上共有五座角楼：墙四角筑角楼，东墙正中筑钟楼。"

堡墙南北长约550米，东西约440米。墙体内部是夯实土坯，外面则包砖（80厘米×30厘米）。外包的砖石已经全数被拆除，[3]只余下黄土夯筑的城墙坯子。据村里老人说，原来的得胜堡城墙上面女儿墙之间的道路很宽，马车都可以在上面跑。城墙上面原筑有敌台、女墙、垛口和箭孔等军事设施。东西两边各有六个墩子，南面有四个墩子，北面有五个，它们一起构成了得胜堡的防御体系（图3-81~图3-85）。

---

1 由于得胜堡中的庙宇供奉之神多和追求平安有关，楼阁的建造又多为求守护边关安全，两者均属于精神防御的范畴，故在本节中，将这类建筑亦列入防御性建筑中。
2 资料源于《新荣区文史资料》（第六辑）。
3 多数被村民用于建造房屋了。

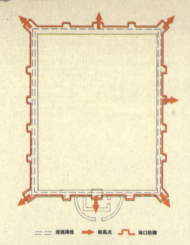

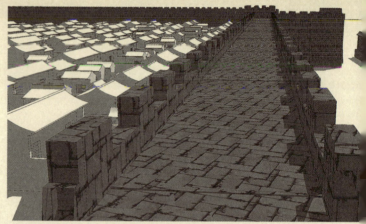

图3-81 得胜堡城墙防御示意图　　图3-82 得胜堡复原后的古城墙女墙和垛口

图3-85 得胜堡保存较差的墩子（西北角）

图3-83 得胜堡保存较好的墩子（西面）

图3-84 得胜堡保存较好的墩子（南面）

四边堡墙轮廓尚好（图3-86~图3-89），残高3~7米不等。其中，东、北两面堡墙保存得比较完好，南侧只余大半高度，西侧则损毁比较严重，只见土埂遗迹（图3-90、图3-91）。炮台土夯基座（图3-92）尚存13座，但均已残破不全。

图3-86 得胜堡东城墙

图3-87 得胜堡西城墙

图3-88 得胜堡南城墙

图3-89 得胜堡北城墙

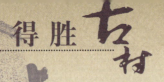

图3-90 得胜堡南面一段残缺的城墙

图3-91 得胜堡北面较完整的城墙

图3-92 得胜堡堡墙炮台遗迹

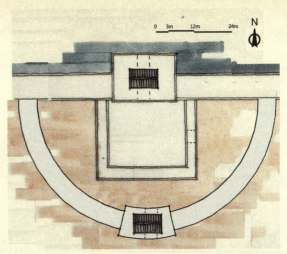

图3-93 得胜堡城门平面图示意

2. 瓮城与月城

南门（即日菩萨阁）是得胜堡唯一的出入口，也是敌人来犯的主要入侵点，所以南门的防御性非常重要。南门位于堡子南墙最中间，外侧建有瓮城，瓮城外还建有月城，即一共有三道城门保护，这

图3-94 得胜堡瓮城的门洞遗迹

点与附近的得胜口和四城堡相似（图3-93）。城门东西两侧城墙尚且完好，黄褐色的土质很坚实，城门东侧的墙体尤其明显，棱角分明，十分齐整。

瓮城通常有两个主要功能，即防御功能和防洪作用。得胜堡是军事堡寨，地处边关，接近内蒙古，雨水并不多，所以瓮城的主要功能只是增增强城门的防御性。在进行军事活动时，瓮城内外两道大门绝不会同时开启：守军出击时，先是内门开启，士兵由城门出来，进入瓮城内，在瓮城内集结整顿，随后城门关闭，瓮城门（图3-94）才打开，防止守军未做好准备就与敌军相遇，也降低了敌军直接冲进城内的可能，退兵时亦是如此。如果敌军进入瓮城，守军则可以于城阁之上利用居高临下之势瓮中捉鳖，万无一失。正是因为如此，瓮城城门通常不与城门开启方向相同，而是开在侧面，使瓮城的缓冲保护作用最大化(图3-95)。

得胜堡作为边关要塞，防御要求很高，所以修建了两道瓮城，里侧一道称为瓮城，外侧称为月城。瓮城为长方形平面，月城为半圆形平面(图3-96)。月城城门上有一城阁。

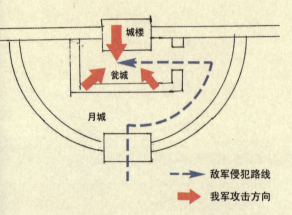

图3-95 得胜堡瓮城和月城防卫分析图

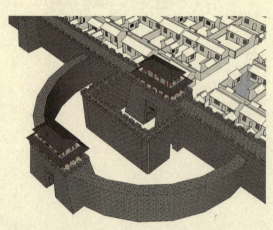

图3-96 得胜堡瓮城和月城复原图

得胜堡城门瓮城尺度并不算大，东西向长约56米，南北进深约31米。瓮城开门于东侧，城门已经不复存在，整个围墙也不完整，表面包砖一点不剩，只余两截高高的黄土墙坯，西侧尚且存有土埂。南面城墙为了通车方便，于新中国成立后被村民打通。东侧完全没有留下遗迹(图3-97、图3-98)。南墙脚下有堡

图3-97 得胜堡瓮城遗迹

内居民后来挖建的地窖。据当地村民叙述，月城尺度比较大，开南门，上建有两层楼阁一座，南门外还建有影壁一座，长为三丈，是城门的风水屏障。

图3-98 得胜堡瓮城遗迹

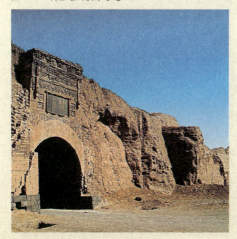

图3-99 得胜堡南城门（修缮前）[1]

图3-100 得胜堡南城门（修缮后）

1 照片源于互联网，于2004年拍摄

3. 内城门

　　南城门(图3-99、图3-100)是得胜堡唯一的城门，村民称之南门，门后正对着堡内的主干路。南门墙体厚11米，内为黄土夯实，外部则以砖石贴面，上筑敌台、女墙、垛口等军事设施。原城门的包砖早已损坏或者被拆除，但土筑墙体保存尚好[1]，现在已在墙体外进行复原，重新包砖。重建的城门墙基有半人来高，以仿古石砌筑。墙头则呈"锯齿"式。整个城门，比两侧的城墙遗迹高4米左右。中间门洞以砖砌券拱建造，拱高将近4米。拱券上方有精美的砖雕(图3-101、图3-102)，用砖块磨接对缝的方式平贴在门洞上方，雕刻周围还留有为数不多的保存良好的旧包砖。这些砖雕"呈垂花门庭状，幔下嵌着荷、梅、

图3-101 得胜堡南城门上的砖雕

---

1 政府规划部分依据城门复原图对其进行过修缮，在原有的土墙外包了一层建造的砖墙，只有砖雕部分仍旧裸露出来。

菊、兰四花雕饰，象征和美安宁。其下饰有方形的"奔兔弯月"、"瑞日祥月"、"和合如意"和"海晏河清"四组图案，寓意国泰民安"。[1]门楣上石质额匾（图3-103）约4尺长，2尺宽，其上阴刻楷书"保障"二字，旨在保佑堡子保障边关平安，注明"万历丙子秋（即1576年）立"，字体刚劲有力，更托显城门雄伟巍峨。城门内装饰则简单许多，只挂有匾额"得胜"（图3-104），与外关同为阴刻。"得胜"意为祝福守边将士，保障边境安宁，早日得胜还朝，得胜堡亦是取名于此。据村内老人回忆，城墙也是饱经磨难，历经

图3-102 得胜堡南城门上的砖雕(细部)

---

[1] 引自《新荣区文史资料》（第六辑）。

图3-103 得胜堡城门外侧匾额

图3-104 得胜堡城门内侧匾额

图3-105 得胜堡南门门洞西侧碑文

多次包砖拆除，抗战时期还曾在此发生过征战，墙壁上留下了很多弹痕小孔。[1]

　　门洞宽4.3米，内侧东西墙壁中间各嵌有石碑一块。西墙上的碑已严重风化，辨认不清。东墙碑字迹则相对清晰，可辨识部分字迹，所记内容为万历三十五年（1607年）八月扩修得胜堡事[2]，包括得胜堡扩建的原因、概况、花费和相关人员，是得胜堡现存最重要的文字资料。

---

1 但是由于城门修复我们已经找不到那段岁月的痕迹了。
2 碑文见前文第三章一节。

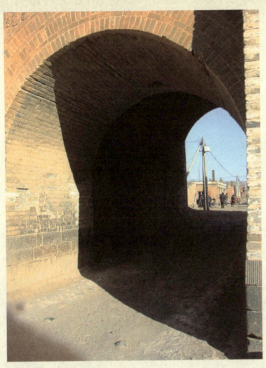

图3-106 得胜堡南门门洞　　　　　　　　　　图3-107 得胜堡门洞下面留下的厚重的痕迹

石碑在"文化大革命"时被红漆整个覆盖住，上面用黄漆刷写着毛主席语录(图3-105)。门洞内砖石平整，因修缮包砖的缘故，门洞南侧比北侧略小，且门洞侧靠南部分还留有原城门轴的遗迹。地面是青石路面，有明显的车辙痕迹，凹凸不平(图3-106、图3-107)。

4.玉皇阁

玉皇阁是城中原四阁中从北计的第二座，位于得胜堡的中轴线正中偏北，是堡子内道路格局的分界点，即其南侧原是居民区，北侧原为军事禁区。[1]玉皇阁大致位于得胜堡的中心位置，有守望、庇护、政治等功能含义，是军民的"精神防御"建筑(图3-108)。

---

1 包括南北府衙、训练场等重要军事场所，只能由玉皇阁基座门洞进入，与南区严格分开。

图3-108 得胜堡玉皇阁鸟瞰图

图3-109 得胜堡玉皇阁底座

玉皇阁上部原有两层木楼阁，如今楼阁已毁，只留下砖砌底座（图3-109、图3-110）。底座尺寸15米见方，6米高，内为由四座拱券形成的十字拱，砌砖完好。整个底座外墙砖掉落严重，坑坑洼洼，有很多裂纹，顶部长满杂草，但排水设施（图3-111）仍在，并雕有狮子头的装饰。墙基砖石已经颜色发黑，但是砖面尚且平整。底座四面顶部均内镶有石碑，分别是东面"护国"、南面"雄藩"、西面"保民"、北面"镇朔"（图3-112、图3-113、图3-114、图3-115），它们都是明代的石刻，象征着得胜堡镇守边疆永远平安。在北门洞西侧墙壁上，原建有通往玉皇阁的楼梯，也是玉皇阁的唯一入口，现今已用砖石堵死。从北门洞向北望去，依次会看到堡墙和八棱碑山（图3-116）。

图3-110 得胜堡玉皇阁底座细部

图3-111 得胜堡玉皇阁基座顶部排水构件

图3-112 得胜堡玉皇阁东侧匾额

图3-113 得胜堡玉皇阁南侧匾额

图3-114 得胜堡玉皇阁西侧匾额

图3-115 得胜堡玉皇阁北侧匾额

得胜古村

山｜西｜古｜村｜镇｜系｜列｜丛｜书

图3-116 从得胜堡玉皇阁门洞里向北眺望

5. 点将台、晾马台和对门墩

在得胜堡外东南方向百余米处，有两座相邻不远的夯土台基，一座唤作"点将台"，一座名为"晾马台"（图3-117）。点将台又名演武台，是训练士兵发号施令的台基。晾马台则等级更高、更为正式，是军队阅兵之台，相传当年蒙汉议和，蒙古鞑靼部落首领俺答汗归顺明朝，明朝皇帝朱载厚就在此台上封其为顺义王。两座土台尺寸近似，均约5米见方。晾马台遗迹则比点将台略高。两台在明代均为包砖建造，属于军事建设，现砖均已脱落。两座台基的东南侧为明代演武场，是边关将士的操练场地。

得胜堡的正门南约700米远处，有"对门墩"。所谓对门墩，顾名思义，是正对着得胜堡的南门而建。在史料里，已经追寻不到具体的建造原因，只听当地人说正门设一墩子，可以保佑城堡的风水环境，可见，对门墩其实是出于城堡的建设规划和对军事堡垒精神防御的需求而建造的。对门墩遗址现呈土台状，长约10米，宽约8米。

现今，这三座台经过岁月的淹没都变为了黄土一堆，只在一片萧瑟的气氛里与得胜堡遥遥相对（图3-118）。

图3-117 晾马台遗迹

图3-118 对门墩遗迹

六、得胜堡的民俗文化

窗花。窗花是民间剪纸中分布较为广泛的一种艺术，在中国南北各地，很多农村都要在节日期间贴窗花来装点环境、渲染气氛，并寄托辞旧迎新、接福纳祥的愿望。窗花无论题材、表现手法、剪刻技艺都是剪刻艺术中最具有代表性的（图3-119）。

图3-119 得胜堡农户家的窗花

早期，得胜堡家家户户的窗户上没有玻璃，只有木制的方格窗框，只用纸糊起来挡风。每当嫁娶之时，逢年过节之时，就会糊上窗花装点居室，寓意吉祥。窗花有大小、干湿、剪纸、版印、手绘之分。在构图上，剪纸不同于其他绘画，它较难表现三度空间、场景和形象的层层重叠，对于物象之间的比例和透视关系也往往有所突破。它主要依据形象在内容上的联系，较多使用组合的手法。由于在造型上的夸张变形，又可使用图案形式美的一些规律，作对称、均齐、平衡、组合、连续等处理。它可以把太阳、月亮、星星、飞鸟、云彩，同地面上的建筑物、人群、动物同时安排在一个画面上，常见的有"层层垒高"或并用"隔物换景"的形式。

祥符。在得胜堡，有一种纸叠的图案处处可见，一般贴在家里面的门头上，这就是祥符，当地人叫做五福（图3-120）。其实在整个新荣区，祥符都比较常见。新荣人过端午节，为纪念爱国诗人屈原不仅有包粽子习俗，还有贴祥符、插艾草的传统。祥符是用五色彩纸裁条编成方形花瓣状，再组合成对称形和"人"字形符组插上艾草。花瓣个数一般有三个的、六个的、七个的，常贴于门窗上（图3-121）。"符"，小孩儿的背上也要佩戴，可祈福祛灾。用剪纸艺术，剪成口叼虫形、足蹬花轮、花草陪衬的大红雄鸡贴于街门上，可避五毒、趋吉祥。这虽是些迷信习俗，但也反映出人们祈福求安、趋吉避邪的心理愿望。但是有一点需要指出，贴祥符要在没有太阳的情况下进行，这是当地习俗忌讳。

图3-120 得胜堡农户家门头的祥符图

 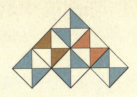 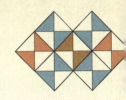

图3-121 得胜堡村中几种常见的祥符图案

莜面窝窝。莜面是山西北部地区常见的一种面食，它是用由莜麦（又称大麦）加工而成的面粉，经过精细制作成为食品（图3-122）。莜面的营养成分是其他面粉营养成分的七倍以上，可与精面粉媲美。得胜的莜面是一种非常有营养的面食。它是高寒地区的产物，有早莜麦和迟莜麦，也叫夏莜麦和秋

图3-122 风味独特的莜面窝窝

莜麦。夏莜麦适合在潮湿的滩湾地种植，早熟，但是品质不高。秋莜麦适合在山冈地区种植，成熟较晚但质量较高。得胜堡位于八棱碑山下，多丘陵山地，气候凉爽，通风良好，且阳光照射充足，秋季雨水较多，所以该地有着得天独厚的种植秋莜麦的自然条件。这里产的莜麦不仅颗粒大，而且色泽较白。当地比较出名的是莜面窝窝，听当地人说它的制作需要经过"三生三熟"的工艺，甚是麻烦，蒸出的窝窝，不倒不粘，可以用各种蘸酱和调料搭配着吃，味道很是鲜美，不愧是当地的一大风味食品。

庙会。听当地老人们说，得胜堡以前有大小72座庙，比较有名的有城隍庙、奶奶庙、老爷庙、龙王庙和大寺庙等。它们是村中人们祭祀或祷告的地方，但是在"文革"中，这些庙宇作为"破四旧"的对象都被破坏殆尽。得胜堡所在的新荣区周围也都有很多庙宇，一般有庙宇的地方都会举办庙会，像助马堡的六月六龙神庙会，镇川堡四月八奶奶庙

会,拒墙堡五月二十五庙会,得胜口五月十三、六月二十八关帝庙会,破鲁堡六月二十三庙会,沙河堡五月十三庙会等。庙会举办期间,会有很多外商来此摆摊设点。会有各种商品、副食小吃、布匹鞋帽、针头线脑等日用百货,也有很多卖玩具古玩的。当地的孩子们最热衷的就是外来人在此卖的泥人,造型各异,栩栩如生。当然还有很多卖瓜果蔬菜、耍把戏卖艺的,吸引人们争相观看。在庙会期间,大部分人都会来许愿,有求子的,有免灾祈福的,有去病求安的,还有祭祀还愿的,总之是热闹非凡,大家对庙会久办不厌,便形成了庙会传统习俗。

交流会。随着时代的演变,热烈、隆重、繁华的交流会逐渐替代了神圣、庄重、热闹的庙会。从1979年以来,每年的8月份都会举办交流大会。期间会有大量客商云集于此,一些知名的剧团也会在此汇聚。大会期间,商铺林立,摊位栉比,杂技精彩,驯兽奇险,玩项新颖,歌舞开放。前来赶会的交通方式也五花八门,有赶着马车的,有乘着公交的,有驾着摩托的。有接双亲和岳父母的,有约会热恋的,又有呼朋唤友的。当日会场内大戏台壮观,马戏棚恢宏,逛会人群鼎沸,喇叭声铺天盖地。会场外游人翻滚涌动,马路熙熙攘攘,人流如潮,好不热闹。市场内商品琳琅满目,繁花似锦。得胜堡的交流大会不仅是商贸物资文化技术的交流盛会,还是民间亲情、情感、情爱、情思交融之会,一年一度的交流大会已变成了当地人们的习惯和习俗,深受当地民众的叫好和喜爱。

名人阎模礼的传说。清朝初期,得胜堡出过一位名人叫阎模礼,因天生聪明和疾恶如仇,而长期以来在民间广为流传,家喻户晓。阎模礼出生并不好,自小丧母,父亲在边关的衙门里当差,继母心胸狭隘,对阎模礼生活上极为刻薄。但父亲工作经常不在家,所

图3-123 得胜堡村中热情给我们讲民间传说的老人们

以他所受的委屈也无人诉说。一天下午，他父亲回来了，他想向自己唯一的亲人诉说自己所承受的苦楚，但是又怕自己的父亲不相信他，认为他无事生非，反而会遭到责骂。在一家人吃饭的时候，他突然就想出了一个好办法。他找到一根棍子使劲打家里养的一条小狗，小狗被打得乱叫，惊动了家里正在吃饭的父亲和继母。父母甚是奇怪，于是便质问阎模礼平白无故为什么打狗，阎模礼假装十分生气，大声嚷嚷道："这只小狗简直是无法无天了，每天吃饭的时候总是想咬我，总说我抢了它的食物，所以这次我要当着爹妈的面，好好教训它。"阎模礼的父亲也是十分聪明的人，一下就明白了自己孩子的意思，便当着阎模礼的面狠狠地责备了他的继母。从此，继母再也不敢任意而为了。诸如此类的故事在民间有很多，如圆梦、斗地主、独坐四椽等（图3-123）。

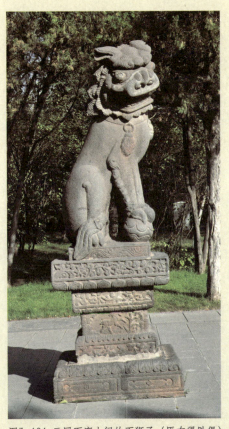

图3-124 云冈石窟山门的石狮子（原在得胜堡）

图3-125 遗落在得胜堡村民家的石狮子

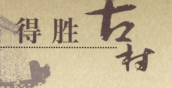

|山|西|古|村|镇|系|列|丛|书|

石狮子的传说。得胜堡堡内有很多明朝雕刻的精细石狮子，这些石狮子有大有小，十分威武。在堡子内部原来有一个地方叫北衙，就在玉皇阁的西面不远，北衙大门前原来放着两个大的石狮子。它们神态迥异，憨态可掬，远近闻名，所以被送到云冈石窟[1]（图3-124），作为镇窟之宝屹立于石窟的山门前。小的主要散落于村子内部人家，用于镇宅和辟邪（图3-125）。关于这对大的石狮子，在当地有很多传说。如，在清朝咸丰年间，大同地区连年干旱，颗粒无收，无奈，大部分当地人结伴逃到外地躲避饥荒，但剩下的老弱病残大都被饿死，惨不忍睹。在此情况下，龙王为了得到更多的供奉品，仍肆意扩大旱情。一天龙王又从饮马河出来要去龙王庙接受食物，走到门口，庙门口的一对石狮子突然一反常态，凶猛地拦住龙王的去路。龙王一怒之下，要水淹得胜堡。就在洪水淹了半堵城墙之际，石狮子突然眼睛变红，仰天怒吼，响彻云霄，龙王从半空摔下来，一片河滩都被黑雾笼罩。从此，得胜堡东河滩便有了寸草不生的"落龙坪"。这就是得胜堡虽在河边，但从来没被水淹的原因。随后，饮马河的洪水下来，只冲刷东岸，绕过了得胜堡这一段，才开始冲刷西岸。据当地的老人说，得胜堡的石狮子还具有相当的爱国情怀。1937年，日本大肆侵略中国，山西大部分村庄先后被占领，唯独剩下得胜堡攻不下。日军一气之下，调集这一区域的所有军队，准备炮轰城门。当夜，得胜堡被日军团团围住，半夜时分天下起了雨。突然有个士兵发现得胜堡门口的一对石狮子两眼放光。当地的日军首领既惊奇又害怕，于是，连夜将守在城门外的军队全部撤走，得胜堡又一次避免了灾难。此后，关于得胜堡的石狮子的传说就更加神乎其神了。

---

[1] 1973年秋，周恩来总理要同来访的法国总统蓬皮杜一起参观大同云冈石窟，当时的大同市政府便将得胜堡的这对石狮子运往云冈石窟用来装饰山门。

[第四章]

四城堡
SICHENGBAO

一、四城堡历史及地位

四城堡位于得胜堡北1里处(图4-1),是明清时期沿长城著名的马市交易市场所在地。据《大同市新荣区文史资料·第六辑》介绍,四城堡建于明隆庆五年(1571年)三月,堡高2.5丈,周长1.5里,呈方形,石砌砖包。堡子在东侧开有一门,在门顶设马市楼。出门为瓮城,瓮城开南门,出瓮城则为月城,月城开东门,与东面南阁的西门相对(图4-2、图4-3)。瓮城与月城的组合形式与得胜堡瓮城较为相似,但是与得胜堡月城呈半圆形不同,四城堡的月城是方形的(图4-4)。四城堡中没有建筑,堡内空旷无物,因为它就是官方举办骡马大型交易的中心市场,所以当地人又叫它为市场堡(图4-5)。

说到四城堡,不得不先提到得胜口。据《明史》记载,明隆庆四年(1570年),蒙古鞑靼部落首领俺答汗家族内部失和,他的孙子拔汉那吉带着妻子逃往大同。当时大同巡抚根

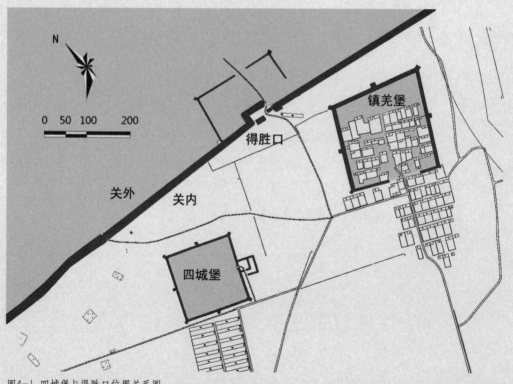

图4-1 四城堡与得胜口位置关系图

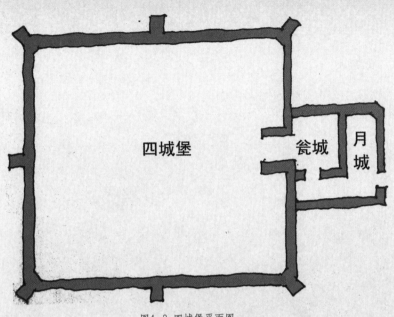

图4-2 四城堡平面图

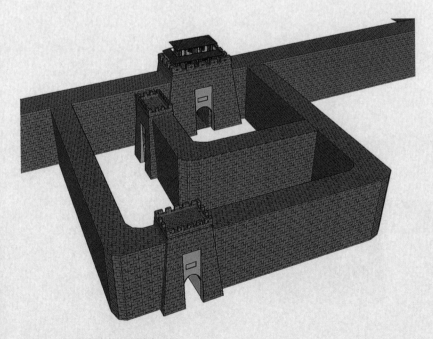

图4-3 四城堡马市楼和瓮城复原图

图4-4 四城堡瓮城和月城

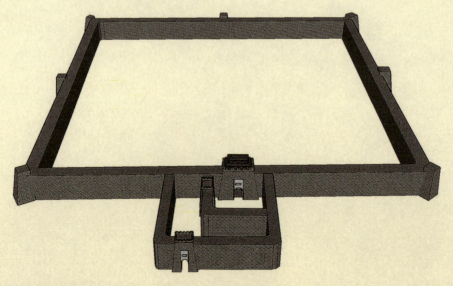

图4-5 四城堡复原图

图4-6 仍然为当地农民需要的马拉车和驴子

据明朝廷意思,热情地款待了他们,并上奏朝廷保荐拔汉那吉为都指挥使。俺答汗听说后非常感动,主动向明朝称臣,并提出与明朝互市,明政府答应。俺答汗为进一步促进明蒙关系,他将明朝的叛将赵全等人送归明朝。次年,明穆宗在得胜堡册封俺答汗为顺义王,这使得长城内外"四十年无用兵之患,沿边旷土皆得耕种"[1]。俺答汗死后至三娘子执政的三十年间[2],大同北部地区的长城、烽台、边堡也失去了原来的防御作用,成为民族团结和捍卫和平的象征。为了促进互市,在外长城各边堡附近的长城上均开辟了"口子",明代

---

1 摘自《万历武功录》卷八《俺答列传下》
2 三娘子(1550~1613年),史称"钟金哈屯"、"也儿克兔哈屯"、"克兔哈屯"等。明代蒙古瓦剌奇喇古特(土尔扈特)部哲恒阿噶之女。嫁与俺答汗为妻,1582年俺答汗去世后,三娘子主政掌兵达30年之久,约束蒙古各部,保持了与明朝的和平通贡互市关系。

沿外长城在大同新荣区境内一共开了5个"口子"，有助马口、拒门口、拒墙口、得胜口和镇川口。其中以得胜口最大，是明代后期大同北部最重要的交通要道、军事关隘和边贸互市口岸。而四城堡在得胜马市中占有极其重要的地位，因为双方进入得胜口交易的马匹等又都是在四城堡内最终完成交易。

"马市"从汉代就有了史籍，只不过当时称"合市"或"互市"，到了明朝才称"马市"罢了。汉人用较廉价的绸布、茶叶、烟、酒等日常所需品，换取蒙古人的战马、农耕牲畜等物品而使双方都得到自己的生活需要，因而人们就把这种交易和交易场所称为"马市"或"茶马市"等(图4-6)。

其实，在"隆庆和议"之前，明朝同蒙古各部在大同已开过几次马市。据《明史·食货志五》卷八十一记载："大同马市始正统三年，巡抚卢睿请令军民平价市驼马，达官指挥李原等通译语，禁市兵器、铜铁。帝从之。十四年，都御史沈固请支山西行都司库银市马。时也先贡马互市，中官王振裁其马价，也先大举入寇，遂致土木之变。"可见，第一次马市开了十一年便停止了。之后，马市时有间断，成化十四年(1478年)和嘉靖三十年(1551年)，在朝中大臣的提议下，马市也相继开过一段时间，但是由于明蒙双方建立不了彼此的信任，马市没有持续几年便罢市了。一直到了明隆庆五年(1571年)后，双方有了较为稳定的贸易互市。而得胜马市正是在这个时期开始繁荣的，当时双方在得胜堡、新平堡和守口堡相继开市，其中得胜堡市口酋长为俺答汗夫妇。

当时的马市起初拟定"一年两次为宜"，每次三到十五天，后来为了满足各民族的需要，不仅将马市时间加倍延长，甚至最后基本常年开市。开市期间，蒙古和明朝双方都派官员监督，蒙古派300人驻边外，明朝派500人驻市场。为保证互市的顺利进行，俺答汗定有互市"规矩条约十三条"，明朝有"市法五款"，这为互市的安全有序进行提供了保障。当时有"官市"和"民市"之分，开市时，一般先开放官市，即由明朝官方对蒙古送来的马匹进行金、银、绢、布定价的交易。官市完毕，剩下的马匹才允许进行蒙汉人民之间的"民市"交易。"民市"比"官市"更为繁荣，其交易额也是官市的几倍[1]。

后来明王朝和之后的清王朝同蒙古各部落间时不时会有局部的战争，但是出于生存的

---

[1] 资料来自山西省政协《晋商史料全览》编辑委员会《晋商史料全览·大同卷》，山西人民出版社，2006年7月。

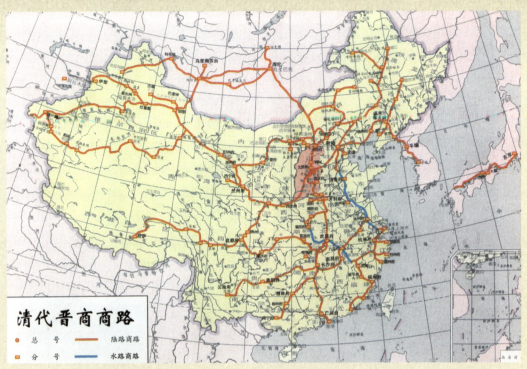

图4-7 清代晋商贸易路线图[1]

需要,各民族之间的相互依存关系从未间断。比如,蒙古的马匹身体粗壮,个头虽不算大,但是耐严寒,耐久性也很强,能够在恶劣的条件下生存(据称这也是13世纪蒙古人能够征服半个世界的原因)。不论军用还是商用,明王朝和清朝都需要大量的蒙古马匹。而蒙古人离不开中原人的茶叶、铁制品和布匹等,尤其是铁锅。由于蒙古不产铁,离开了它,蒙古人就吃不上一顿像样的饭,茶叶和布匹自从唐朝进入蒙古后,蒙古人便对它们喜爱至极。所以即使在战争期间,民间边贸活动也没有也不可能完全断绝。这也同时造就了中国近代最大商帮——晋商的繁荣和兴盛,他们将茶叶和布匹从南方运到北方,再将草原上的马匹和各种皮料运到南方,转战数万里(图4-7)。他们由中原进入蒙古除了通过"西口"和"东口"[2],也常通过大同,而大同最重要的贸易口岸则是得胜口。当年的得胜

---

[1] 图片来自高春平著《晋商学》,山西经济出版社,2009年4月。
[2] 西口,即杀虎口,位于山西省朔州市右玉县西北部,雁北外长城最重要的关隘之一。东口即是河北张家口,它们都是明清时期蒙汉贸易最为繁盛的内陆商埠之一。

马市十分繁荣，交易额可以与"西口"和"东口"相媲美。《明穆宗实录·卷六十一》记载了当年宣大总督王崇古向朝廷汇报各地互市的情况："大同得胜堡自五月二十八日至六月十四日官市顺义王俺答部马千三百七十匹，价万五百四十五两。私市马骡驴牛羊六千，抚赏费九百八十一两。新平堡七月初三至十四日官市黄台吉摆腰兀慎部马七百二十六匹，价四千二百五十三两。私市马骡牛羊三千，抚赏费五百六十一两。宣府张家口堡六月十三日至二十六日官市昆都力哈永邵卜大成部马千九百九十三匹，价万五千二百七十七两。私市马骡牛羊九千，抚赏费八百两。" 从上段文字可以看出，得胜口当时互市的交易额远超过了新平堡，并且已经逼近了有"东口"之称的张家口。所以后来很多人也称得胜口为"中口"。

听村里老人们说，四城堡东北面（即得胜口南面）原来有一南北商业大街，长约70余丈，大街两旁有许多有名的绸缎店面和其他杂铺。这里就是以前的蒙汉交易的集市，蒙古

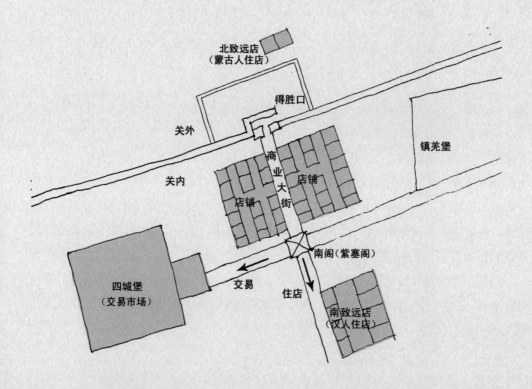

图4-8 得胜马市总体布局平面图

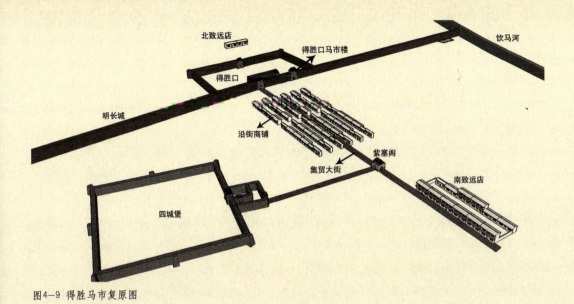

图4-9 得胜马市复原图

图4-10 昔日繁盛的马市集贸大街

人通过得胜口把马匹牵到四城堡要经过这条宽阔的商业大街，他们可以用手中的马匹交换大街两边的绸缎和其他货物。大街的南端有一个古朴的砖包建筑，叫做南阁，规格和外形与得胜堡内的玉皇阁非常相似，上面建有一个木楼，下部四门相通，其西门就与四城堡的东门相望。出南阁向南走50步，路东建有约40亩大的大店一座，叫南致远店[1]，内部有客房200多间，是供互市的商贾居住的。这样，四城堡、得胜口、商业集贸大街、南阁和南北致远店就共同构成了当年繁荣的得胜马市（图4-8、图4-9）。

这样，四城堡与周围的建筑群落和商业大街道就组成了当年繁荣的马市，而作为马市的交易市场，四城堡几百年来一直扮演着重要的作用。按照当时的规定，马市开市鸣钟，收市时击鼓，所以在以前马市交易的时候，早上太阳刚升起，就会响起悠扬的钟声，傍晚太阳落山时，鼓声震天。当时马市十分繁盛，在当时有这样的说法："金得胜，银助马"，意思是得胜马市日交易额达到斗金，助马马市日交易额达到斗银。[2]明代诗人李杜到得胜堡马市看过后，曾即兴写下一首诗篇："吹笛关山落日隈，几年曾此得登台。天王有道边关静，上相先谋马市开。万骑云屯星斗暗，三秋霜冷结旄回。一丛舆版归疆索，幕下空余草檄才"。从这首诗可以看出当年得胜马市的繁荣景象及背后的故事（图4-10）。

二、四城堡现状

以前的四城堡是作为马匹交易市场而存在的，所以堡子内部是不住人的，现在也没有留下一点建筑的痕迹，里面现在种的都是庄稼。现存的遗址只剩下裸露的黄土夯筑的墙体及堡子东侧所剩下残余不完整的瓮城和月城。堡子内部黄土墙体保存尚好，大概轮廓尚且清晰，但是原来的包砖都已经被拆掉了（图4-11、图4-12）。原来的瓮城保存也较好，门洞还可清晰辨认出。月城毁坏则比较严重，原来的墙体现在只剩下一段矮墙墩，但是东面的开口位子还能辨别开来，不过随着得胜马市的衰败，四城堡月城东口早已废弃。为了方便行走，人们在月城南面墙上开了个洞（图4-13）。堡子东面50步便是南阁，如今只剩下一堆砖砾废墟（图4-14）。

---

[1] 在得胜口附近，致远店有两个分号，得胜口月城门外依山而建的分号叫北致远店，是供蒙古商人住的，在得胜口南面又设总号南致远店。南致远店大门朝西，是供明朝商人住的。由于北致远店在关外，并且规模比较小，在这里就不作细说。
[2] 助马堡为新荣区内另一马市，也是当时大同西北部的军事寨堡和交通要道。

图4-11 四城堡鸟瞰图

图4-12 站在瓮城墙上看四城堡内部

图4-13 四城堡瓮城现状图

图4-14 四城堡东面的南阁遗址

附 录

历史建筑测绘图选录[1]

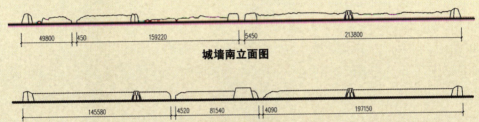

城墙南立面图

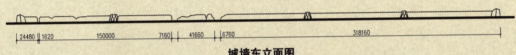

城墙北立面图

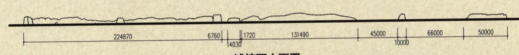

城墙东立面图

城墙西立面图

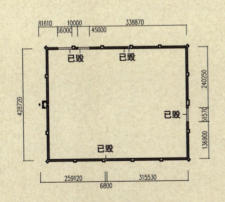

城墙现状平面图

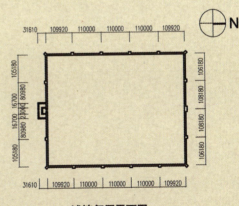

城墙复原平面图

---

[1] 历史建筑测绘图由太原理工大学王金平、韩卫城提供。

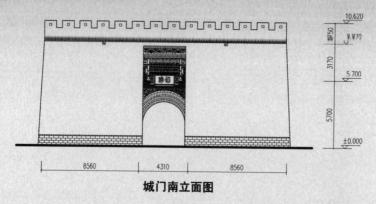

城门南立面图

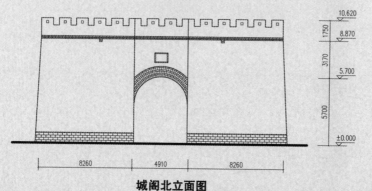

城阁北立面图

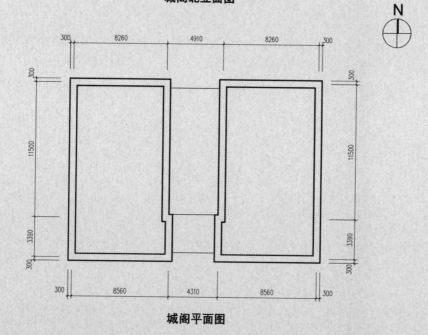

城阁平面图

城阁南立面大样图

| 山 | 西 | 古 | 村 | 镇 | 系 | 列 | 丛 | 书 |

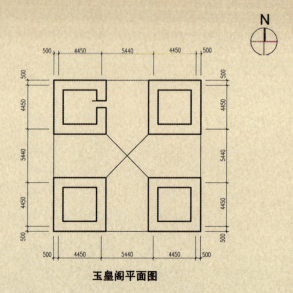

玉皇阁平面图

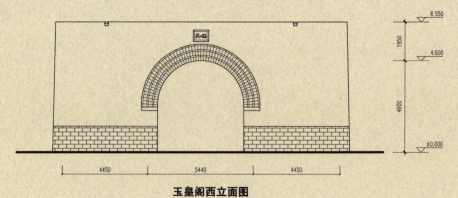

玉皇阁西立面图

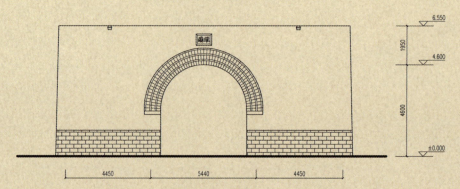

玉皇阁南立面图

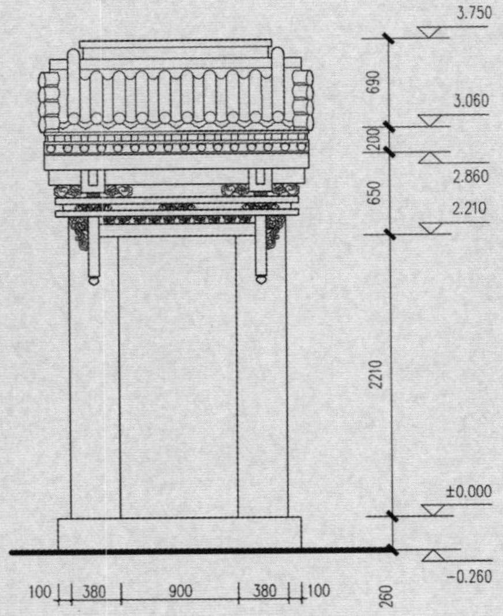

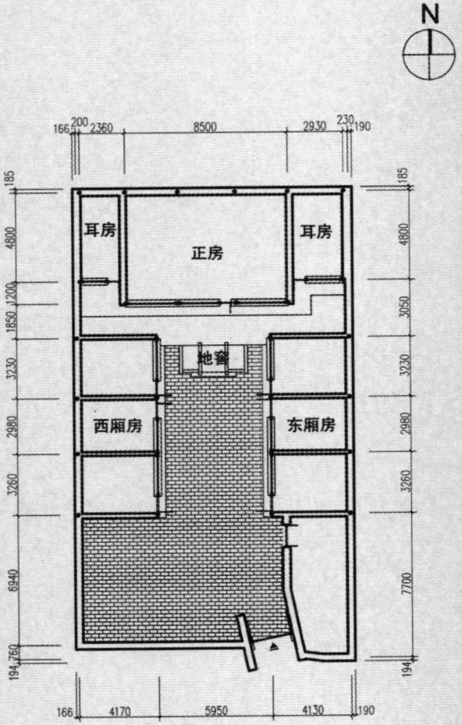

许家院复原平面图

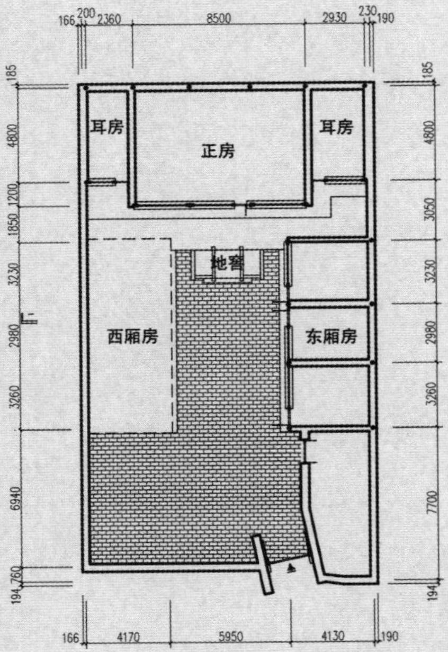

许家院现状平面图

许家院街门立面图

附录

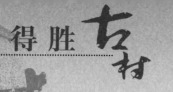

山|西|古|村|镇|系|列|丛|书

许家院东厢房立面图

许家院入口立面图

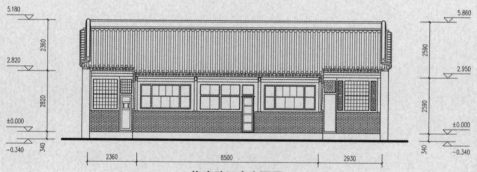

许家院正房立面图

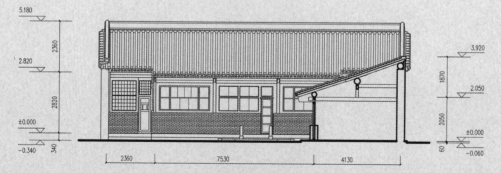

许家院1-1剖立图

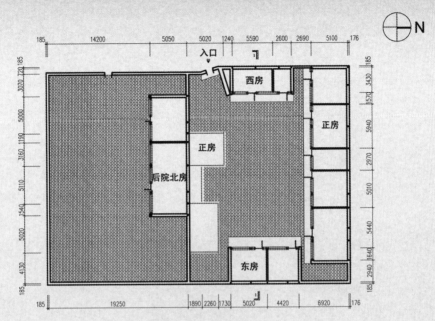

高家院现状平面图

高家院西厢房立面图

高家院1-1剖面图

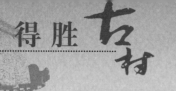

山│西│古│村│镇│系│列│丛│书

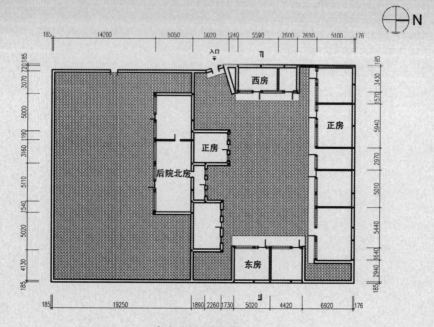

高家院复原平面图

高家院东厢房立面图

高家院后院北房立面图

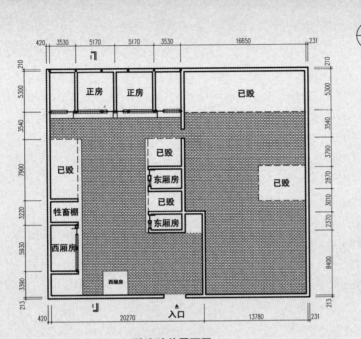

孙家院总平面图

孙家院正房剖面图

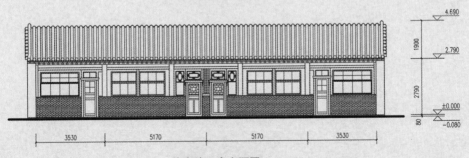

孙家院正房立面图

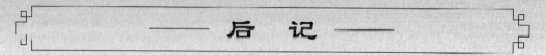

后　记

　　明中叶后，蒙古鞑靼部落逐渐兴起，时常骚扰边境，大同深受其害。据《大同县志》记载，从明成化年间（1465~1488年）至嘉靖年间（1522~1567年），蒙古贵族骚扰大同地区就达24次之多，所达之处，"邑无守雉，堡尽血染"。于是，明王朝被迫花费巨资，大兴土木，加强防御，特别是在修筑了大量堡寨。这些堡寨很多留存至今，作为长城防御的有机组成部分，具有很高的历史价值，弥足珍贵。但是，这些原来包砖的堡寨，在20世纪的很长时间，未受到重视，其砖多被拆毁，只剩下夯土。这样，由于雨水的冲刷，这些堡寨恐怕很难留存较长的时间，其保护令人担忧。

　　我们课题组一直想选一个晋北的堡寨进行调查研究。最终，选取了大同市新荣区的得胜堡。调查从2011年10月初开始，前后持续了将近一年。在得胜堡的调查和研究过程中，我们得到各方面的帮助和支持。山西省住房与城乡建设厅厅长李俊明、总规划师李锦生等领导对这套丛书给予了高度重视和积极支持。城建处处长张海同志（原村镇处处长）对本书的定位、框架提出了许多宝贵意见和具体指导。村镇处处长于丽萍同志为了保证调查研究工作的顺利开展，做了大量的组织和协调工作。先后参加得胜堡调查的硕士研究生和高年级本科生有侯磊、万千、王晓斌等。新荣区住房保障和城乡建设管理局局长李强对我们的调查研究给予了多方面的支持和帮助。在此，一并表示真诚的谢意。

　　本书由薛林平、侯磊、万千、于丽萍分别撰写或整理了相关内容，最后由薛林平统一修改定稿。想必书中还会有这样或那样的遗漏、不妥、错误之处，恳请各界学者及广大读者批评指正。

薛林平
北京交通大学建筑与艺术系
2012年8月6日